JN290237

わらべきみかの
ウキウキ壁面&お誕生表
CD-ROM付き

にゅうえんおめでとう

おたんじょうびおめでとう

4	5	6	7	8	9
8 ともみ	15 てつや	24 あきら	3 なおこ	10 つばさ	3 けいすけ
16 けんと	28 くみ		20 ゆきえ	25 しずか	

チャイルド本社

わらべきみかの ウキウキ壁面＆お誕生表 CD-ROM付き

もくじ

CD-ROMの使いかた ……………………………… 4

4月の壁面
みんな　おめでとう！　型紙は64〜65ページにあります。……… 6
きょうから、みんなお友達　型紙は66〜67ページにあります。……… 8

5月の壁面
こいのぼりと　空のお散歩　型紙は68〜69ページにあります。……… 10
遠足で　おべんとう　うれしいな！　型紙は70〜71ページにあります。…… 12

6月の壁面
雨の日の　お散歩！　型紙は72〜73ページにあります。……… 14
はみがき　シュッシュッ　型紙は74〜75ページにあります。……… 16

7月の壁面
できたよ！　たなばたの笹飾り　型紙は76〜78ページにあります。……… 18
夏の虫を　つかまえに　いこう！　型紙は79〜80ページにあります。……… 20

8月の壁面
気持ちいいよ　海の中！　型紙は81〜82ページにあります。……… 22
夕涼み会だ、楽しいな♪　型紙は83〜84ページにあります。……… 24

9月の壁面
みんなでお月見　楽しいな　型紙は85〜86ページにあります。……… 26
どのくらい　大きくなったかな？　型紙は87〜88ページにあります。……… 28

10月の壁面
運動会だよ　みんながんばろう！　型紙は89〜90ページにあります。……… 30
みんなでイモ掘り　楽しいな！　型紙は91〜92ページにあります。……… 32

11月の壁面
楽しいよ、秋の音楽会　型紙は93〜94ページにあります。………… 34
ミノムシさん　こんにちは！　型紙は95〜96ページにあります。………… 36

12月の壁面
わくわくするね　クリスマス会　型紙は97〜99ページにあります。……… 38
ペッタンペッタン　おもちつき　型紙は100〜101ページにあります。…… 40

1月の壁面
たこ、たこ　あーがれ！　型紙は102〜103ページにあります。………… 42
お正月気分で　かきぞめだ　型紙は104〜105ページにあります。………… 44

2月の壁面
おにはーそと、ふくはーうち！　型紙は106〜107ページにあります。…… 46
雪だるま　なーらんだ！　型紙は108〜109ページにあります。………… 48

3月の壁面
きょうは楽しい　ひなまつり　型紙は110〜112ページにあります。……… 50
卒園　おめでとう　型紙は113〜114ページにあります。………… 52

お誕生表
気球のなかから　おめでとう　型紙は115〜117ページにあります。……… 54
みんな大好き、楽しい動物園　型紙は118〜120ページにあります。……… 56
昔話の世界からハッピーバースデー　型紙は121〜123ページにあります。… 58
バースデー列車で　シュッポッポ　型紙は124〜125ページにあります。…… 60
みんなで楽しく　おめでとう　型紙は126〜127ページにあります。……… 62

型紙 ……………………………………………………………… 64

CD-ROMの使いかた

このCD-ROMはWindows98以降のOS、およびMacintosh8.0以降のOSで動作するパソコンに対応しております。またInternet Explorerはバージョン5.0以降のものまたはNetscapeバージョン4.05以降のブラウザをご使用ください。

注）Windows xp sp2で動いているパソコンでこのCD-ROM を使用するとき、セキュリティの警告画面が表示される場合があります。その場合『はい（Y）』をクリックしてください。
また、MacintoshのOSによってはCD-ROMが自動再生されない場合があります。その場合はCR-ROM内INDEX.HTMをダブルクリックし、立ち上げてください。

わらべきみかのウキウキ壁面＆お誕生表

- 月別：壁面の絵柄を月別で探し、プリントしたい場合。クリックしてください。
- お誕生表：お誕生表の絵柄を探し、プリントしたい場合。クリックしてください。
- カテゴリー別：カテゴリー別で絵柄を探し、プリントしたい場合。クリックしてください。
- 番号検索：本誌記載の番号で、絵柄を探したい場合。（英数字入力でご利用ください。）

たとえばトップ画面で『月別』を選んだ場合

このようなウィンドウが開きます

プリントしたい月を
ダブルクリックします。

プリントしたい絵柄を
ダブルクリックしてく
ださい。

＊CD-ROMに収録している絵柄は、壁面製作の仕上がりを模造紙大となるよう想定しております。また、同じ絵柄を複数枚使用する場合は、必要な枚数をプリントしてください。

印刷画面が開きます。
お手持ちのプリンターの取扱い説明書をよく読みプリントしてください。
なお、Internet Explorerのバージョン7.0をお使いの場合、紙のサイズに合わせ自動的に絵柄が拡大縮小されてしまいますので、印刷プレビュー画面の拡大縮小率を必ず100％にしてプリントしてください。

＊ご利用にかんして

本書掲載の型紙およびCD-ROMに収録のイラストは、壁面製作とお誕生表作成にご利用ください。
また、内部観覧で営利を目的としない学校新聞、園だより、プライベートなカード類には使用することができます。
ただし、他の出版物、企業のPR広告、商品広告、企業やお店のマーク、ホームページ（個人的なものも含む）などに使用する場合や、園児募集ポスター、園バスのデザイン、その他物品に印刷し販売促進に使用、または商品として販売する場合は、無断で使用することはできません。無断で使用した場合、著作権法により罰せられることもあります。もし使用を希望するときは、事前に著作権者・出版権者の許可および使用料の支払いが必要となります。
なお、イラストを変形、または手を加えて上記内容に使用する場合も許可および使用料の支払いが必要です。

4月の壁面

みんな おめでとう！

4月、サクラの花びらが舞うなか、
おともだちがそろって入園です。
みんなニコニコ、
とってもうれしそう！

● 作りかたは64ページをご覧ください。
　このページの型紙は64～65ページにあります。

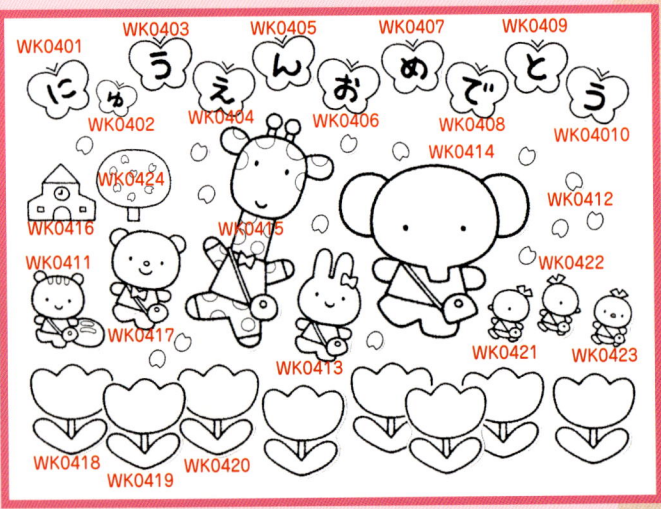

んおめでとう

4月の壁面

きょうから、みんなお友達

サクラの花びらに
ユラユラ乗って、
みんなが集まってきました。
きょうから、みんなお友達だよ。

● 作りかたは64ページをご覧ください。
　このページの型紙は66～67ページにあります。

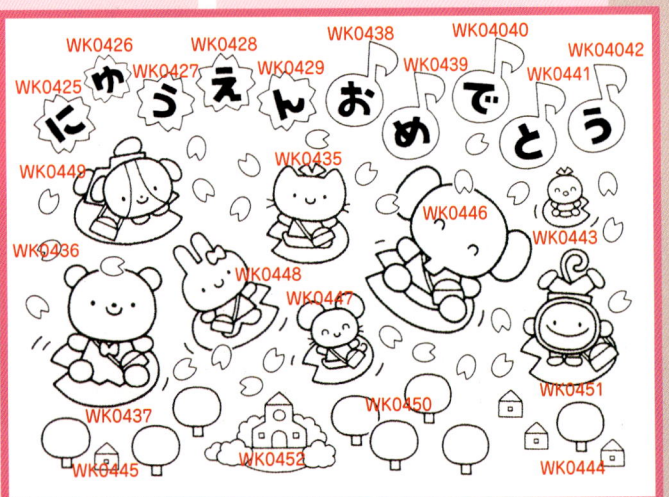

＊進級クラスにもお使いいただけるよう、「しんきゅう」の文字を型紙ページに、CD-ROM内にデータを用意しています。

5月の壁面

こいのぼりと空のお散歩

さわやかな風に誘われる5月。
こいのぼりに乗って、
みんなで空のお散歩に
出かけましょう。

● 作りかたは64ページをご覧ください。
このページの型紙は68～69ページにあります。

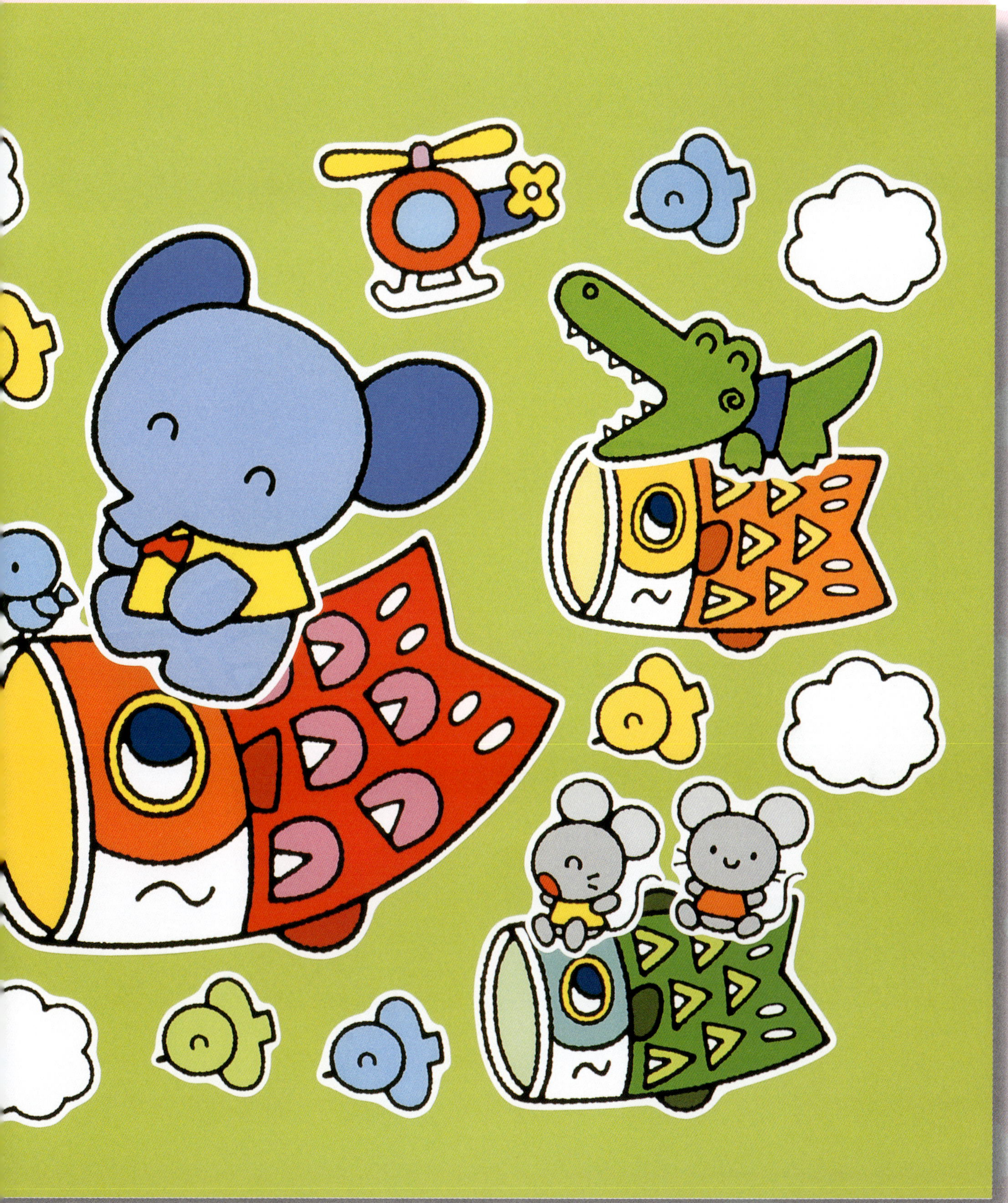

5月の壁面

遠足でおべんとううれしいな!

きょうは、待ちに待ったバス遠足。
気持ちのいい野原で、
みんなといっしょにおべんとうを
広げて、いただきま～す。

● 作りかたは64ページをご覧ください。
　このページの型紙は70～71ページにあります。

WK0532　WK0521　WK0523　WK0519　WK0520　WK0516　WK0535　WK0526　WK0518　WK0529　WK0517　WK0534　WK0522　WK0527　WK0525　WK0528　WK0524　WK0530　WK0533　WK0531

13

6月の壁面

雨の日のお散歩！

雨の日も、
外はきっと楽しいよ。
傘をさして、
みんなで出かけよう！

● 作りかたは64ページをご覧ください。
　このページの型紙は72～73ページにあります。

＊CD-ROM内のデータをご利用の場合、雨の効果線は手書きしてください。

6月の壁面

はみがき シュッシュッ

ごはんを食べたら、歯を磨こう！
磨かないのはだ〜れ？
虫歯菌がねらっているよ。

● 作りかたは64ページをご覧ください。
　このページの型紙は74〜75ページにあります。

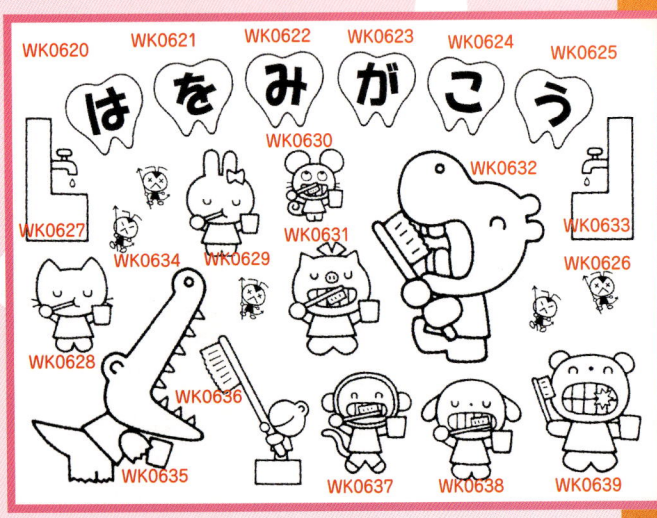

WK0620	WK0621	WK0622	WK0623	WK0624	WK0625

WK0627　WK0630　WK0632　WK0633
WK0634　WK0629　WK0631　WK0626
WK0628　WK0636　WK0635　WK0637　WK0638　WK0639

みがこう

7月の壁面

できたよ！たなばたの笹飾り

夜空いっぱいの
お星さまに願いごと。
笹の葉に好きなことを書いた
短冊や絵をたくさんつけよう！

● 作りかたは64ページをご覧ください。
　このページの型紙は76～78ページにあります。

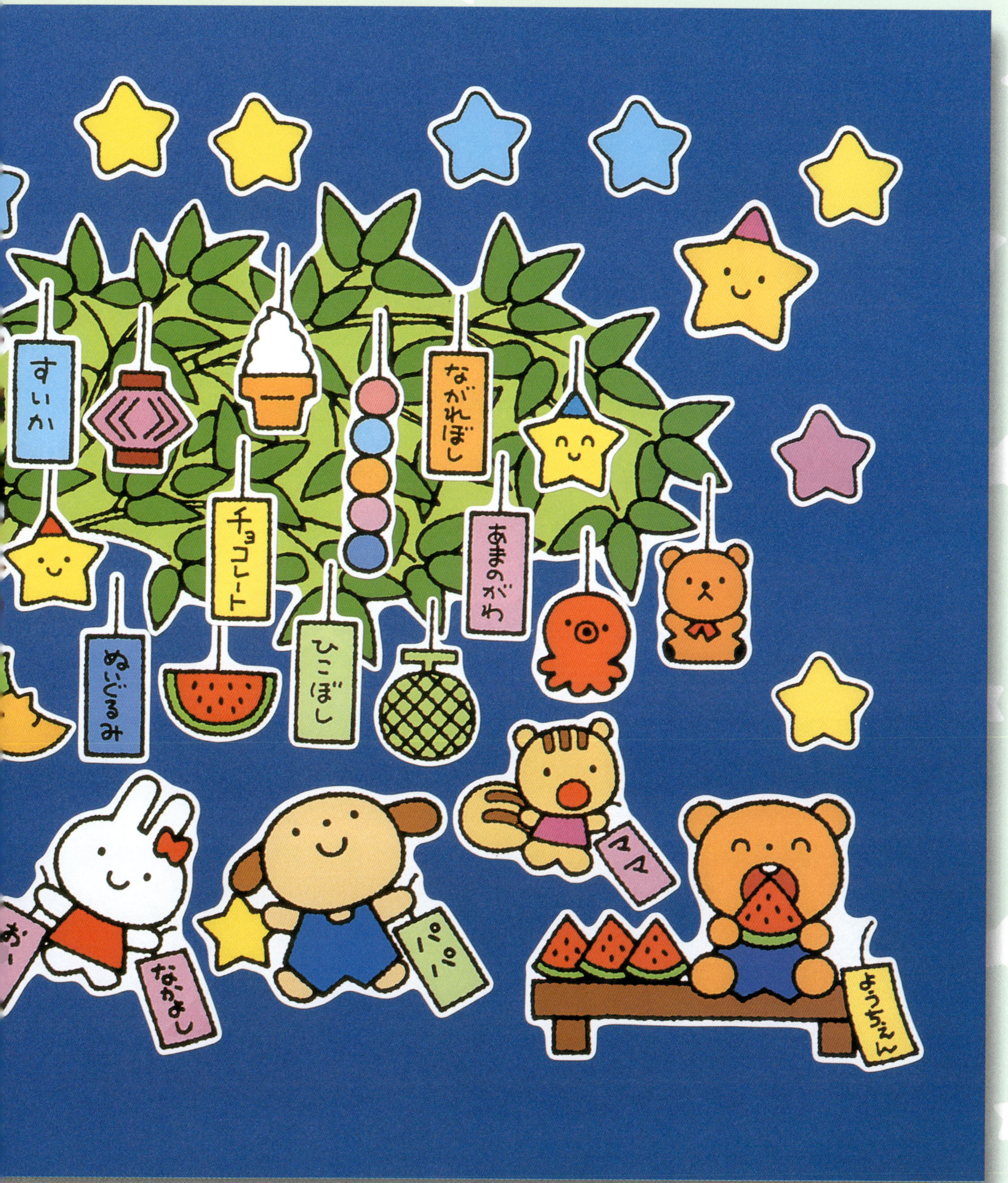
すいか
ながれぼし
チョコレート
あまのがわ
ぬいぐるみ
ひこぼし
ママ
パパ
なかよし
ようちえん

7月の壁面

夏の虫をつかまえにいこう!

暑い夏、木にはカブトムシやクワガタムシ、セミがたくさんとまっているよ。
さあ、うまくつかまえられるかな。

● 作りかたは64ページをご覧ください。
　このページの型紙は79～80ページにあります。

21

8月の壁面

気持ちいいよ 海の中！

海の中へ入ってみたら、色鮮やかなおさかなさんがいっぱい。タコさんやイカさんもみんなと遊びたがっているみたい。

● 作りかたは64ページをご覧ください。
　このページの型紙は81～82ページにあります。

WK0817　WK0802　WK0804　WK0805　WK0806　WK0801　WK0812　WK0809　WK0810　WK0815　WK0811　WK0814　WK0813　WK0803　WK0808　WK0816　WK0818　WK0819　WK0807　WK0820

23

8月の壁面

夕涼み会だ、楽しいな♪

涼しい風が吹いてくる夕方に、
ゆかたに着替えて夕涼み会。
うちわを手に、
みんなで楽しく盆踊り。

● 作りかたは64ページをご覧ください。
　このページの型紙は83～84ページにあります。

25

9月の壁面

みんなで お月見 楽しいな

きょうは十五夜。
まん丸お月さまも出てきたよ。
お供え物を用意して、
みんなでお月見、楽しもう！

● 作りかたは64ページをご覧ください。
　このページの型紙は85〜86ページにあります。

WK0901	WK0906	
WK0903	WK0910	WK0907
WK0902		
WK0908	WK0913	WK0909
WK0911	WK0912 WK0914 WK0904	WK0916
	WK0905 WK0915	WK0917

27

9月の壁面

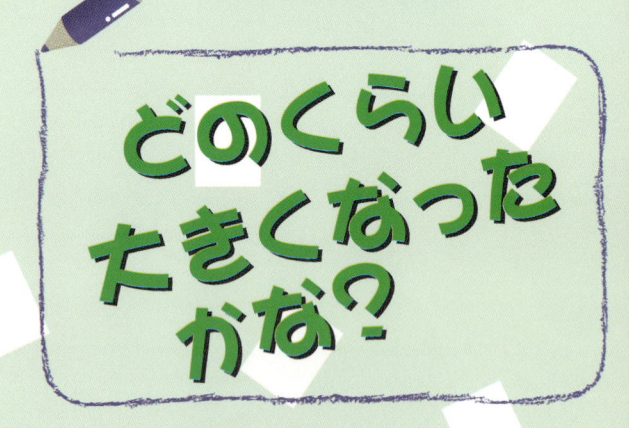

どのくらい 大きくなった かな？

きょうは健康診断の日。
カバ先生に診てもらったら、
順番に並んで
身長と体重を測ってみよう。

● 作りかたは64ページをご覧ください。
　このページの型紙は87〜88ページにあります。

29

10月の壁面

運動会だよ みんな がんばろう!

元気いっぱい
遊んで身につけた
パワーを発揮しよう。
さあ、最後までがんばれー!!

● 作りかたは64ページをご覧ください。
　このページの型紙は89〜90ページにあります。

うんどうかい

10月の壁面

みんなで イモ掘り 楽しいな！

つるをひっぱると、
大きなおイモがゾロゾロ出て来るよ。たくさん掘ったら、
焼きイモにしていただきま〜す。

● 作りかたは64ページをご覧ください。
　このページの型紙は91〜92ページにあります。

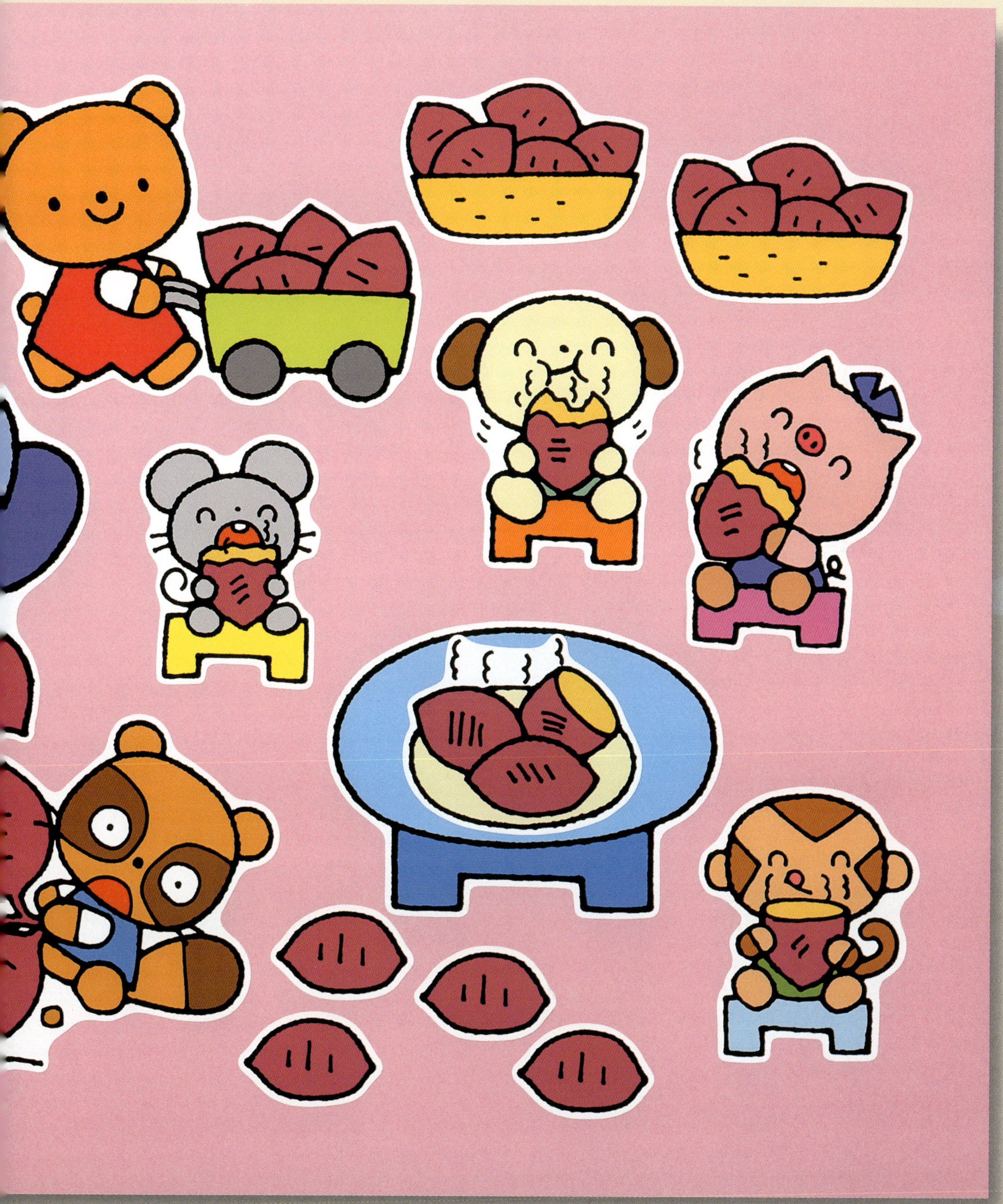

11月の壁面

楽しいよ、秋の音楽会

きょうは音楽会。
みんな得意な楽器を持って、
集合だ！

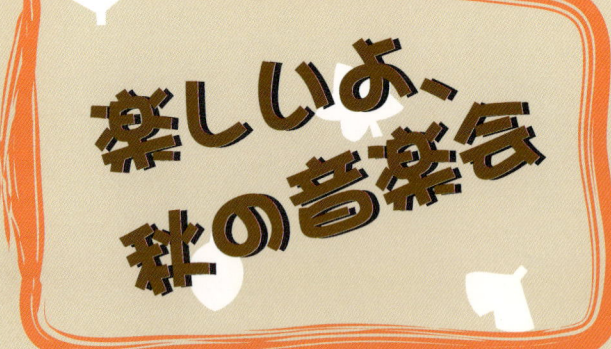

● 作りかたは64ページをご覧ください。
　このページの型紙は93〜94ページにあります。

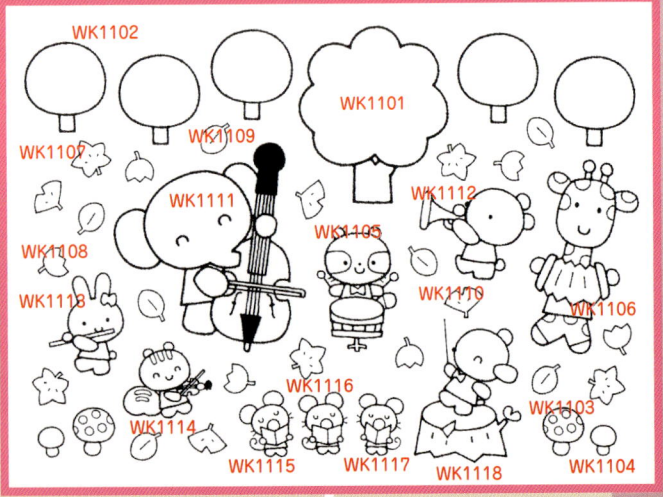

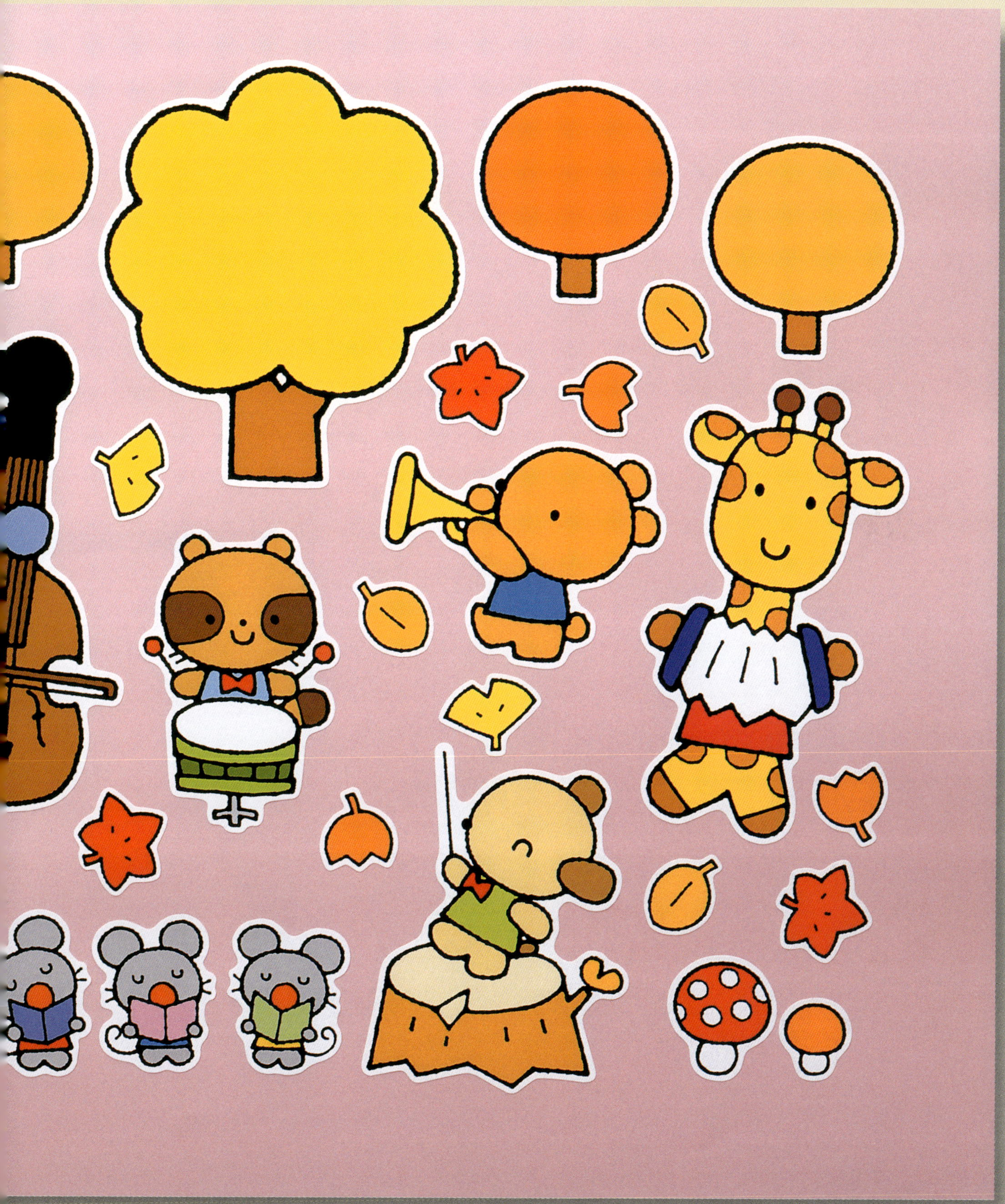

11月の壁面

ミノムシさん こんにちは！

枝にぶらさがったミノムシが、散りはじめた葉っぱの間から顔を出しました。
色とりどりの洋服がすてきだね。

● 作りかたは64ページをご覧ください。
　このページの型紙は95〜96ページにあります。

WK1129　WK1120　WK1125
WK1131　WK1134
WK1119　WK1121　WK1123
　　　　WK1132　WK1126　WK1124
WK1128
WK1125　　　　WK1127
WK1122　WK1130　WK1133　WK1135　WK1126　WK1136

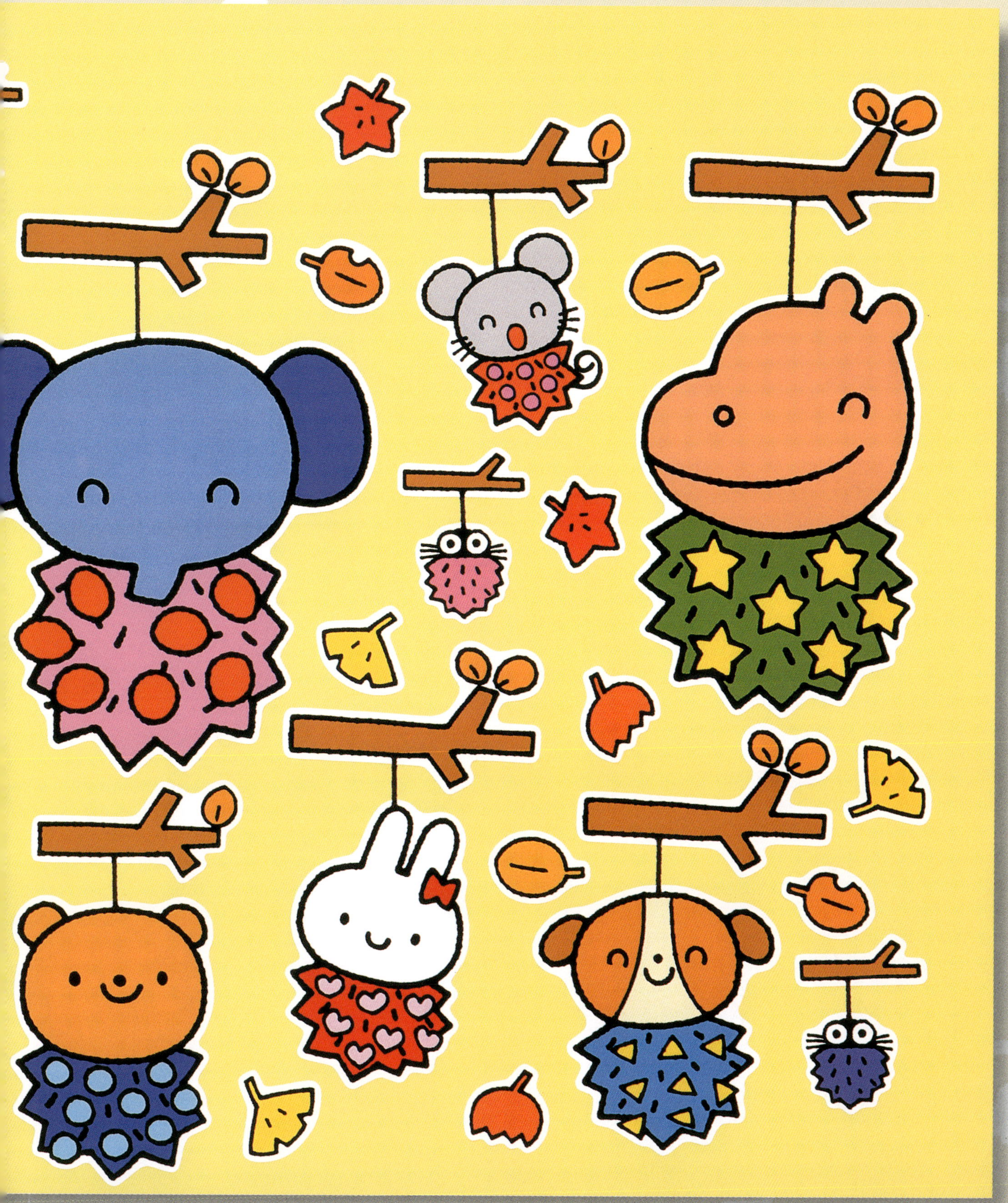

12月の壁面

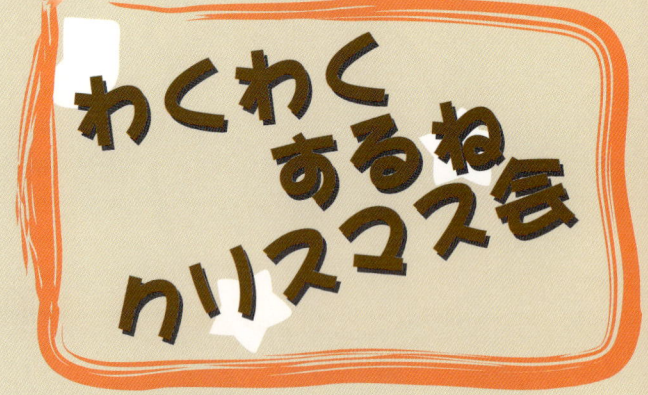

わくわくするね クリスマス会

ツリーをきれいに飾りつけたら、
パーティーの始まりだ！
窓からサンタさんも
のぞいているよ。

● 作りかたは64ページをご覧ください。
このページの型紙は97〜99ページにあります。

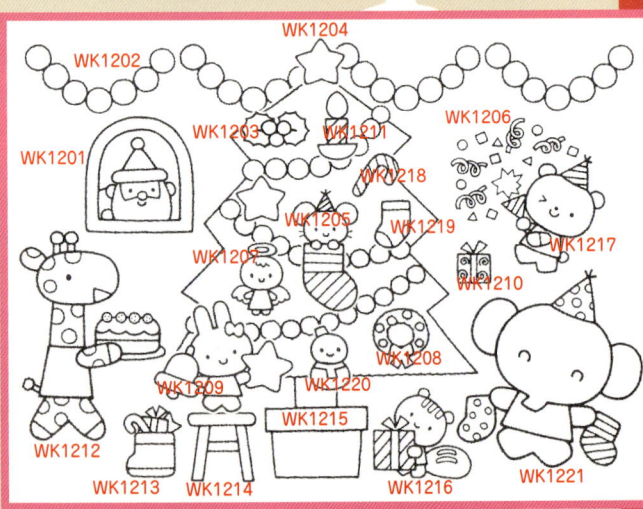

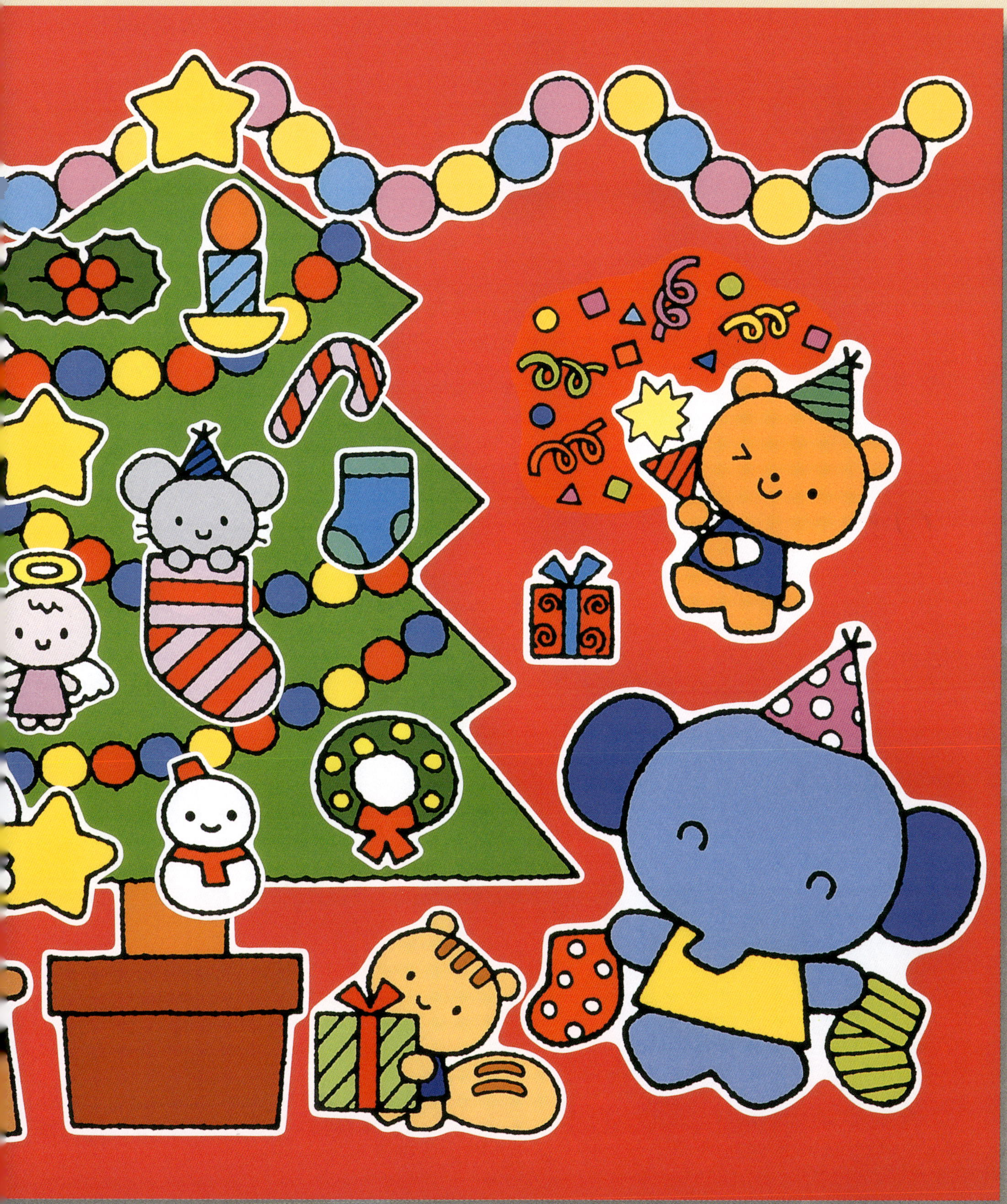

12月の壁面

ペッタン ペッタン おもちつき

もうすぐお正月。
きょうは、みんなで、おもちつき。
つきたてはビヨ～ンと伸びて
おいしいよ。

● 作りかたは64ページをご覧ください。
　このページの型紙は100～101ページにあります。

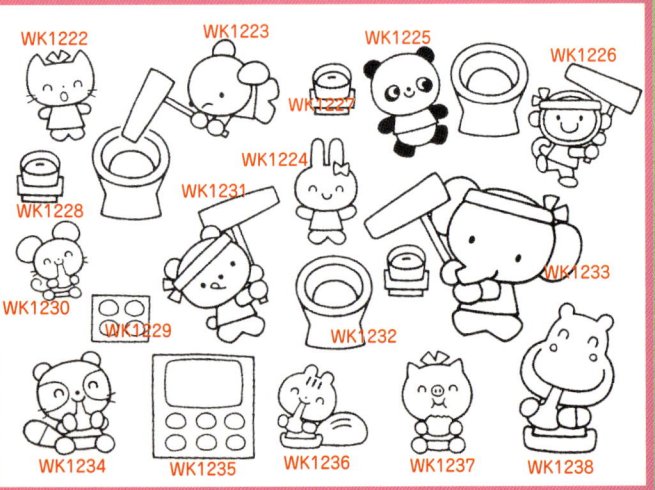

WK1222　WK1223　WK1225　WK1226
WK1228　WK1227
WK1231　WK1224
WK1230　WK1232　WK1233
WK1229
WK1234　WK1235　WK1236　WK1237　WK1238

41

1月の壁面

たこ、たこ あーがれ！

風をいっぱい受けて、
みんなのたこがあがったよ。
だれのたこが
いちばん高くあがったかな。

● 作りかたは64ページをご覧ください。
　このページの型紙は102〜103ページにあります。

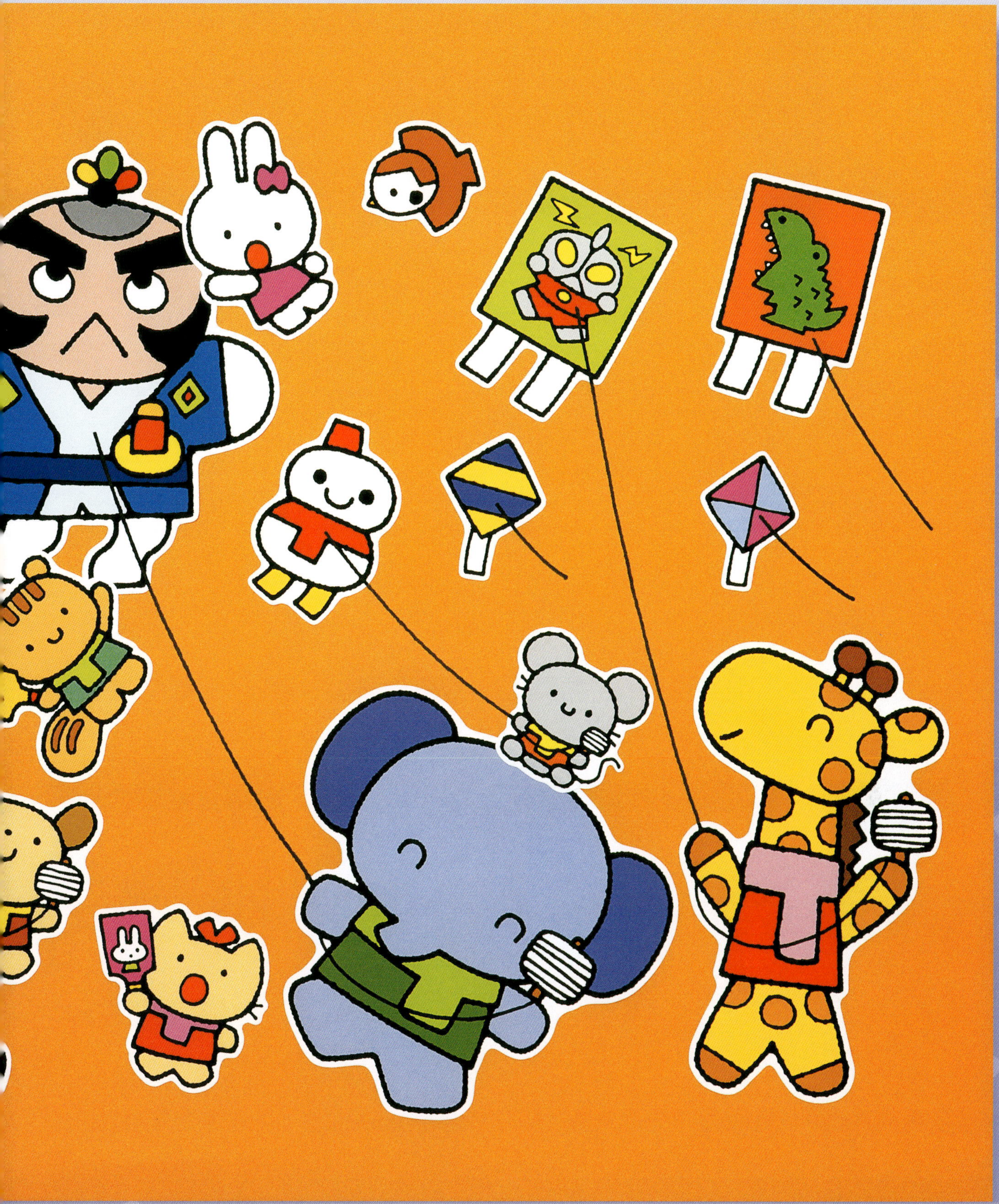

1月の壁面

お正月気分でかきぞめだ

きょうは、書き初め。
筆を持って、好きな絵や文字を
元気に書いちゃおう。

● 作りかたは64ページをご覧ください。
このページの型紙は104～105ページにあります。

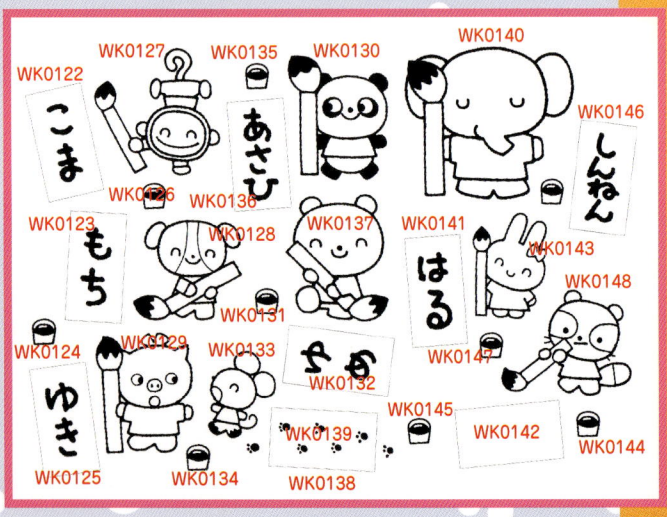

＊タヌキの半紙には好きな言葉を書きましょう。

2月の壁面

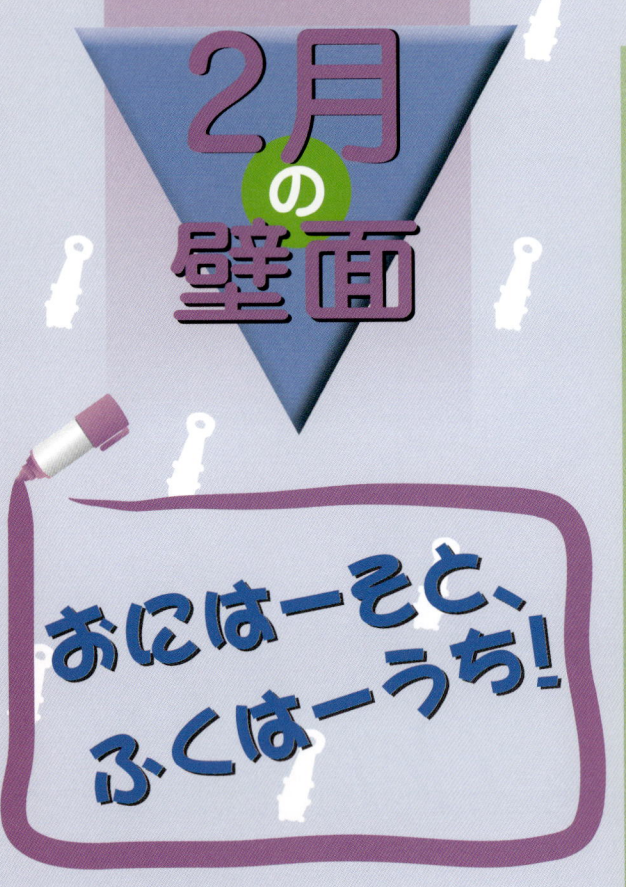

おにはーそと、ふくはーうち!

きょうは節分。
みんなで元気に豆まきだ。
あれ？
まく前に食べちゃダメだよ。

● 作りかたは64ページをご覧ください。
　このページの型紙は106〜107ページにあります。

47

2月の壁面

雪だるま なーらんだ！

雪がたくさん降ったら、
みんなで雪だるまを作ろう！
あれ!? お友達と
そっくりさんだね。

- 作りかたは64ページをご覧ください。
  このページの型紙は108～109ページにあります。

WK0226 WK0218 WK0219 WK0220 WK0221 WK0227 WK0222 WK0223 WK0224 WK0230 WK0233 WK0225 WK0228 WK0231 WK0229 WK0232

49

3月の壁面

きょうは楽しいひなまつい

いつもは元気なみんなも、
きょうはちょっとすまし顔。
三人官女と五人ばやしもそろって、
楽しいひなまつりです。

● 作りかたは64ページをご覧ください。
　このページの型紙は110～112ページにあります。

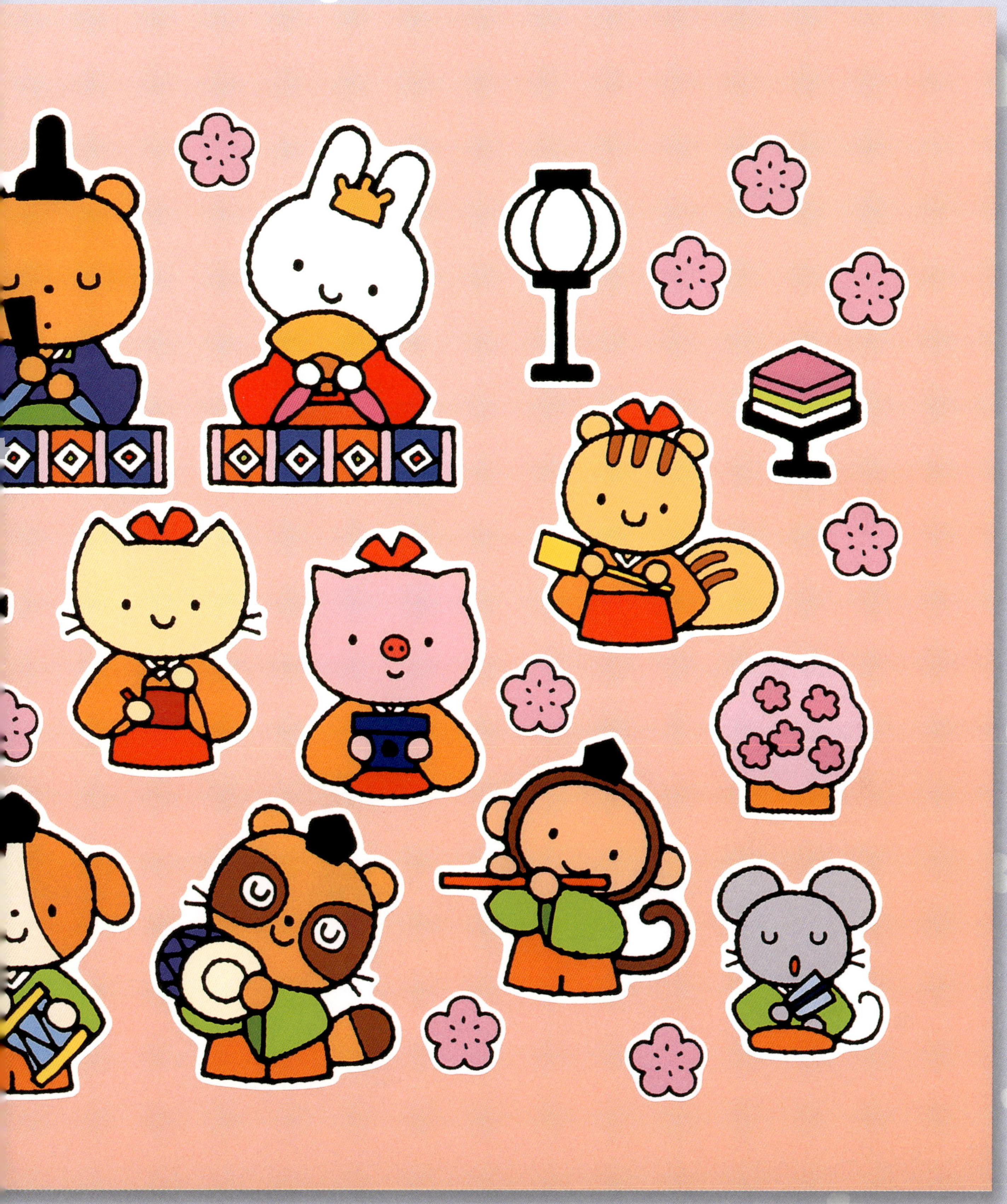

3月の壁面

卒園おめでとう

すっかりお兄さん、お姉さんらしくなった年長さん。
楽しかった園生活の思い出を胸に元気に卒園です。おめでとう！

● 作りかたは64ページをご覧ください。
このページの型紙は113～114ページにあります。

んおめでとう

Happy Birthday お誕生表

作りかた

色紙「たんじょうび うれしいな」

画用紙に色を塗ったイラストのコピーをはる

周りを切る

半分に折る

色紙 はる

11 色紙 はる

裏からはる
モール
顔料性のマーカーでかく

おたんじょうび がつうまれ おめでとう かく

のりしろ
気球と同じサイズの画用紙

気球のなかから おめでとう

hb0114 hb0128 hb0124 hb0115
hb0118 hb0107
hb0103 hb0123 hb0101 hb0121
hb0105 hb0117 hb0120
hb0108 hb0104 hb0103 hb0104
hb0112
hb0127 hb0102 hb0119 hb0126
hb0109 hb0122 hb0125 hb0113 hb0102
hb0101
hb0116 hb0106 hb0110 hb0104
hb0103

おたんじょうび うれしいな

●このページの型紙は115～117ページにあります。

青空にたくさんの気球が飛んでいるよ。誕生日になったら気球をめくってね。「おめでとう」って言ってくれるよ。

- 7 / 20 けんと
- 8 / 3 みさき
- 9 / 15 つねゆき、30 みどり
- 10 / 3 けんた、12 たかあき
- 5 / 16 かな、30 れい
- 11 / 4 こうた、22 けんいち
- 12 / 5 みすず、23 みお
- 2
- 3 / 19 ちの、30 ともひろ
- 1 / 17 えみり、12 まさゆき

Happy Birthday お誕生表

作りかた

色紙
お → たん
はる　はる　はる　色紙

画用紙
色を塗ったイラストのコピーをはる

周りを切る
顔料性のマーカーでかく
12. しゅんや
24. あゆみ
はる
9がつ
顔料性のマーカーでかく

おたんみんな大好き、楽しい動物園

6がつ　3. みさ

5がつ　1. あけみ　22. すすむ

3がつ　24. しおり

hb0209
hb0220　hb0205　hb0211
hb0215　hb0218　hb0219
hb0214　hb0215

hb0204　hb0202　hb0203　hb0213
hb0220　hb0220
hb0215　hb0216　hb0216

hb0201　hb0218　hb0219　hb0206
hb0212　hb0214　hb0219
hb0217　hb0218　hb0218　hb0207
hb0208　hb0217
hb0216　hb0219　hb0217

●このページの型紙は118〜120ページにあります。

んじょうび おめでとう

子どもたちの大好きな動物がいっぱいいるよ。
何月をどの動物にしようか、迷っちゃうね。
いろんな動物で作ってみてもたのしいね。

7がつ
11 ともひろ
20 ももか

8がつ
3 きよあき
30 ようへい

10がつ
2 たくみ

9がつ
12 しゅんや
24 あゆみ

4がつ
ようき

12がつ
13 さおり

11がつ
6 まゆこ
28 さき

2がつ
まどか
ゆか

1がつ
13 まさかず
14 ひとみ

Happy Birthday お誕生表

おたんじょうび おめでとう

作りかた

お ← はる
色紙
たんじょうび おめでとう
はる
色紙

色を塗ったイラストのコピー
はる
画用紙

色を塗ったイラストのコピー
はる
画用紙

顔料性のマーカーでかく
おめでとう
3.ゆうや 21なつみ
半分に折る

周りを切る

色を塗ったイラストのコピー
はる
3ゆうや 21な
顔料性のマーカーでかく

12
色紙

昔話の世界から ハッピーバースデー

hb0307 hb0308 hb0309 hb0310
hb0313 hb0314 hb0315 hb0313
hb0311 hb0312 hb0301 hb0302
hb0314 hb0315 hb0316 hb0317
hb0303 hb0304 hb0305 hb0306
hb0318 hb0316 hb0317 hb0318

4
おめでとう!
14.りほ 27.ありな

8
おめでとう!
5.ゆういち 29.ゆうと

12
3 ゆうや
21 なつみ

● このページの型紙は121〜123ページにあります。

おたんじょうび おめでとう

子どもたちの知っている昔話の主人公がたくさんいるよ。誕生月になったら絵本をめくってあげてね。

Happy Birthday お誕生表

バースデー列車で シュッポッポ

かわいい動物たちが乗ったバースデー列車は、4月から3月までの車両をつなげて、長い列車にして飾ってもすてきだね。

● 作りかたは64ページをご覧ください。
このページの型紙は124〜125ページにあります。

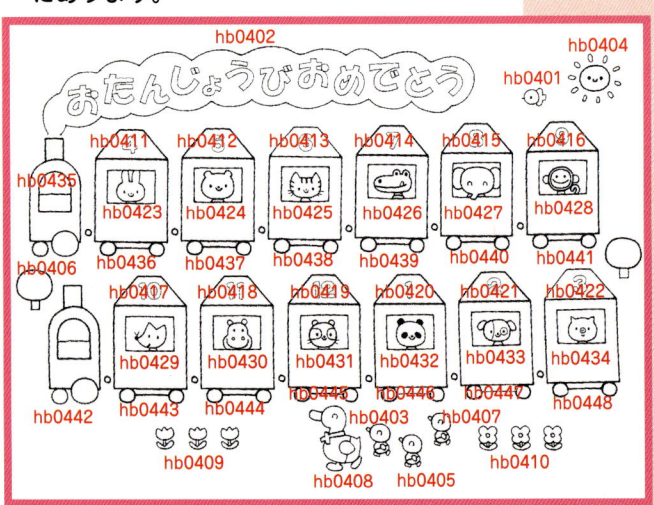

おたんじょう

4 🐰　8 ともみ　16 けんと
5 🐻　15 てつや　28 くみ
10 🦊　18 りな　22 なおき
11 🦛　5 こう…　11 あや…

おたんじょうびおめでとう

hb0402　hb0404　hb0401
hb0411　hb0412　hb0413　hb0414　hb0415　hb0416
hb0435　hb0423　hb0424　hb0425　hb0426　hb0427　hb0428
hb0406　hb0436　hb0437　hb0438　hb0439　hb0440　hb0441
hb0417　hb0418　hb0419　hb0420　hb0421　hb0422
hb0429　hb0430　hb0431　hb0432　hb0433　hb0434
hb0442　hb0443　hb0444　hb0445　hb0446　hb0447　hb0448
hb0409　hb0408　hb0403　hb0407
hb0405　hb0410

びおめでとう

6 24 あきら

7 3 なおこ / 20 ゆきえ

8 10 つばさ / 25 しずか

9 3 けいすけ

12 13 はるみ

1 21 りこ / 30 ゆうさく

2 7 しゅん / 9 れな

3 21 まきこ / 27 ゆうた

Happy Birthday お誕生表

みんなで楽しく おめでとう

一年中の風物と、かわいい動物たちがいっぱいの楽しいお誕生表で、明るく保育室を彩ってみてくださいね。

● 作りかたは64ページをご覧ください。
　このページの型紙は126〜127ページにあります。

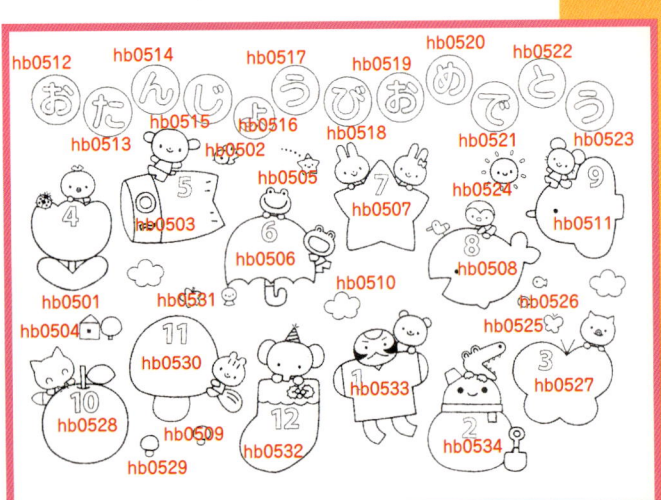

おたんじ

4
9 ゆうさく
21 えみ

5
18 かずき

10
10 まなみ
31 りょう

11
4 ゆたか
16 あさみ

おたんじょうびおめでとう

hb0512 hb0514 hb0517 hb0519 hb0520 hb0522
hb0513 hb0515 hb0516 hb0518 hb0521 hb0523
hb0502 hb0505 hb0507 hb0524
hb0501 hb0503 hb0506 hb0508 hb0510 hb0511
hb0504 hb0531 hb0525 hb0526
hb0528 hb0530 hb0533 hb0527
hb0509 hb0532 hb0534
hb0529

ょうびおめでとう

7
7 なな
13 しゅうた

9
15 まなぶ
23 ひろし

6
だいち
あやか

8
6 まこと
28 ありさ

12
4 さらさ

1
5 みやこ
22 こうき

2
19 ひとみ

3
8 あゆ
29 しんや

型紙

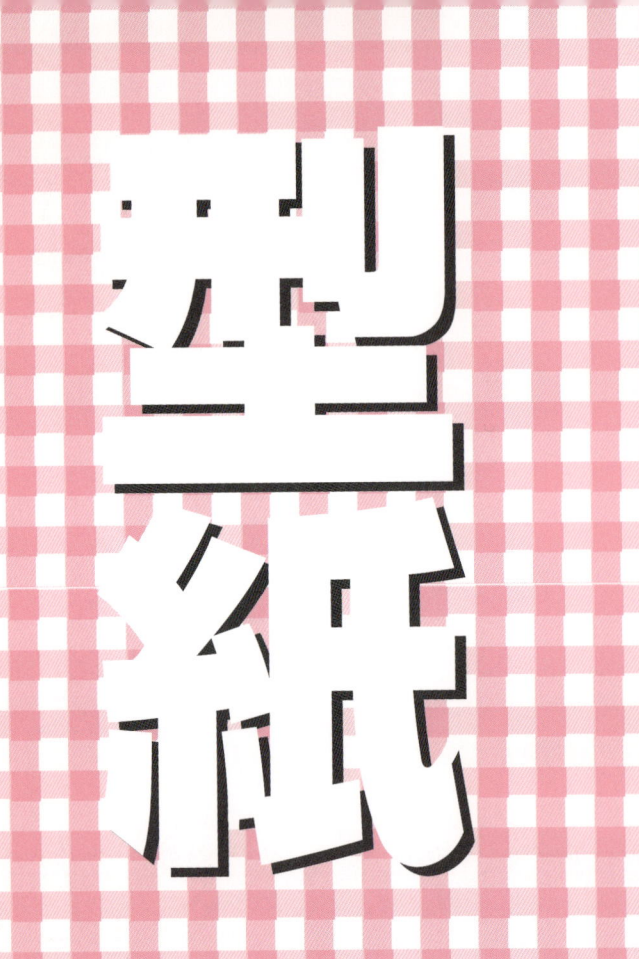

型紙は、必要な大きさに拡大・縮小コピーをしてご利用ください。

作りかた

4月の壁面
みんな おめでとう！

＊「にゅうえん」「しんきゅう」「おめでとう」の文字は、ちょうちょうの中に1文字ずつ手書きして下さい。

4月の壁面
きょうから、みんなお友達

にゅうえん
しんきゅう

*この作品中の効果線は、台紙に絵柄をはった後、直接台紙に手書きして下さい。

おめでとう

5月の壁面
こいのぼりと空のお散歩

＊このこいのぼりは、クマ、ワニ、ネズミに共通して使用します。

5月の壁面
遠足でおべんとう うれしいな！

＊おむすびが転がるようすを表わす効果線は手書きしてください。

71

6月の壁面
雨の日のお散歩！

＊CD-ROM内のデータをご利用の場合、雨の効果線は手書きしてください。

73

6月の壁面
はみがきシュッシュッ

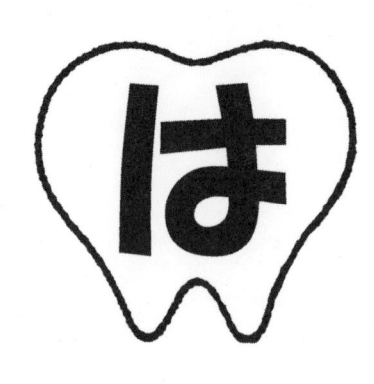

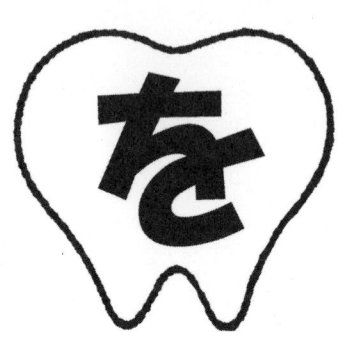

はをみがこう

75

7月の壁面
できたよ！たなばたの笹飾り

＊この短冊には自由に書いて使います。

77

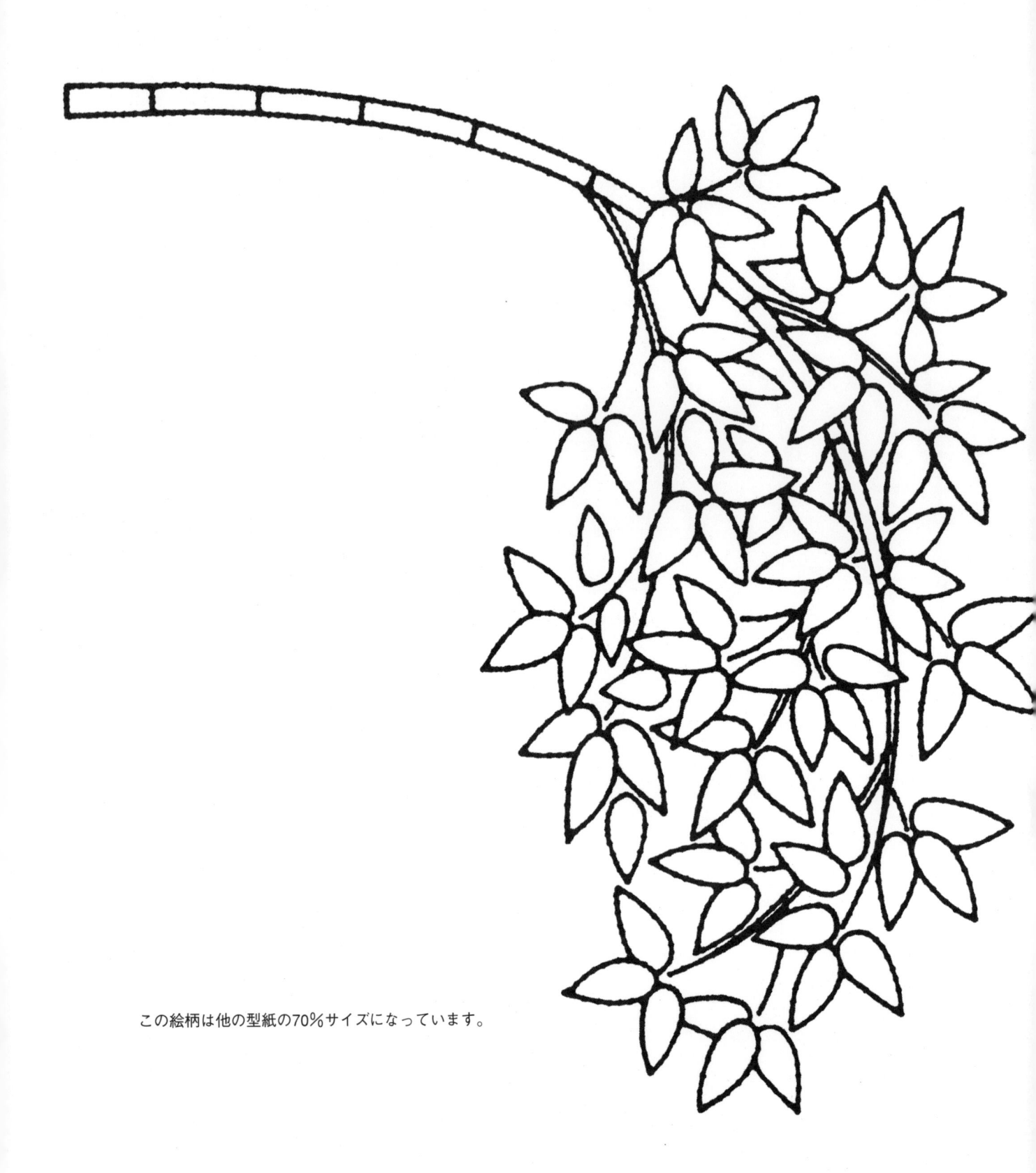

この絵柄は他の型紙の70%サイズになっています。

7月の壁面
夏の虫をつかまえにいこう！

この絵柄は他の型紙の80％サイズになっています。

8月の壁面
気持ちいいよ 海の中！

82

8月の壁面
夕涼み会だ、楽しいな♪

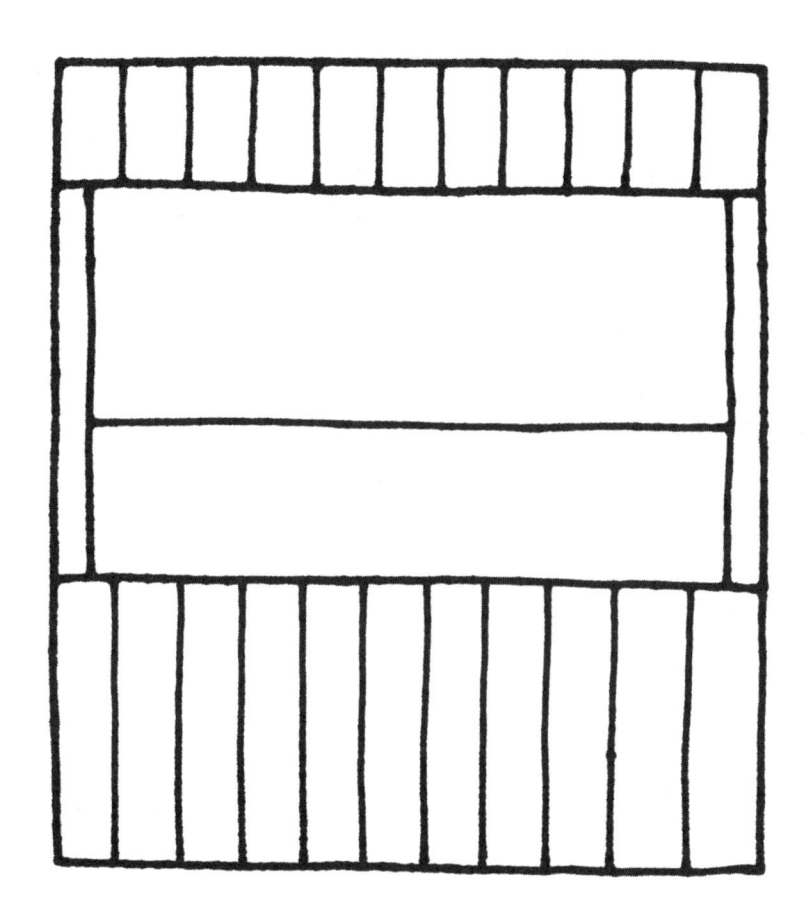

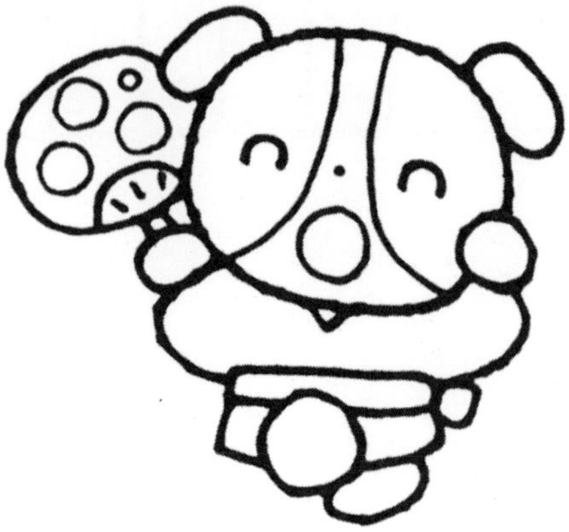
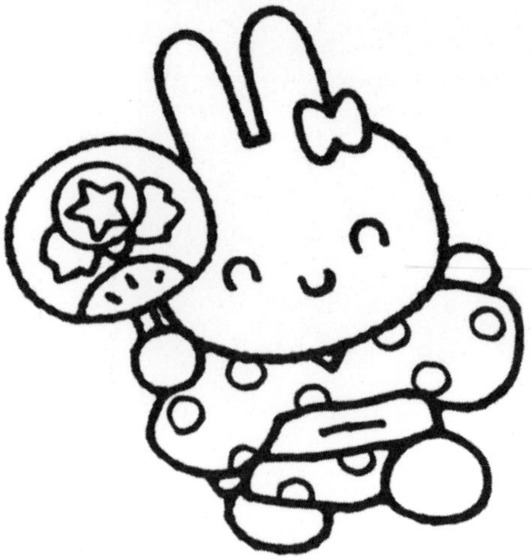
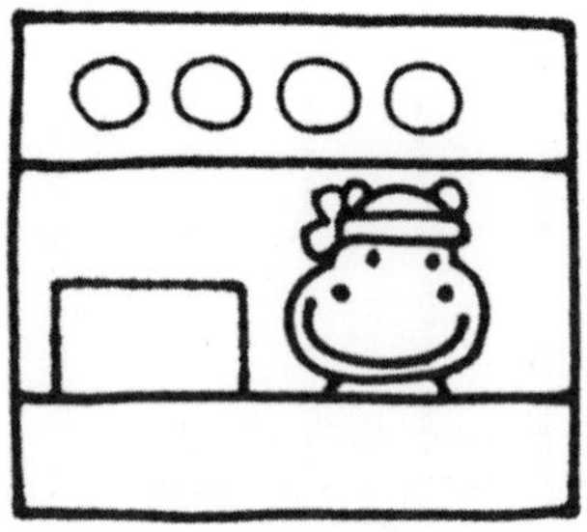
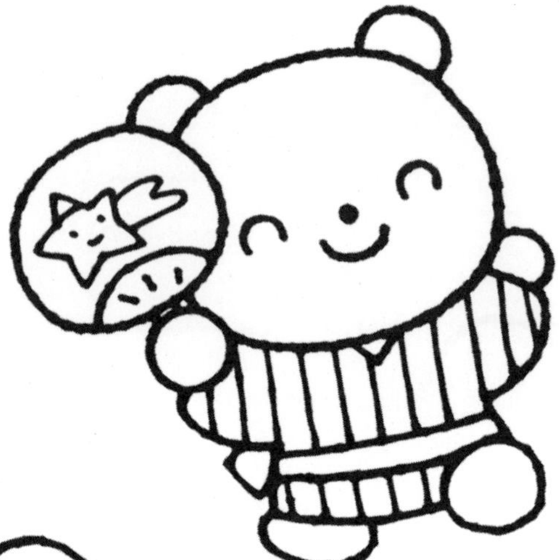
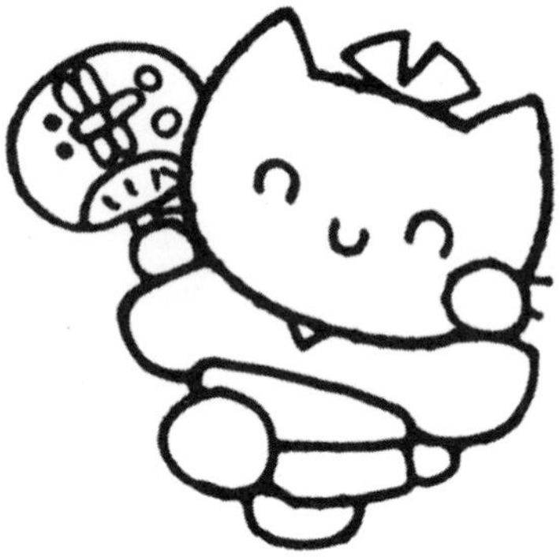
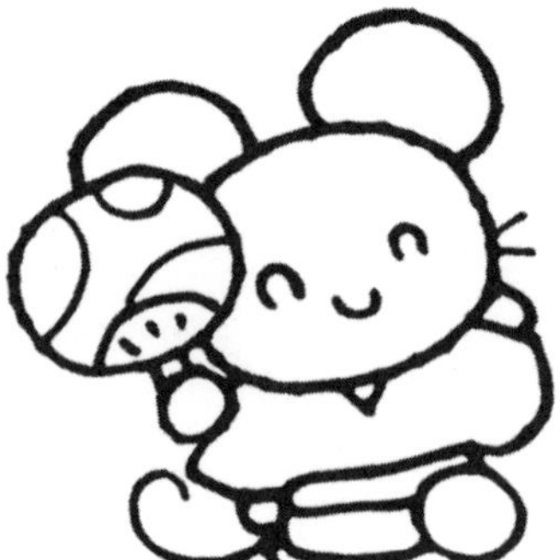
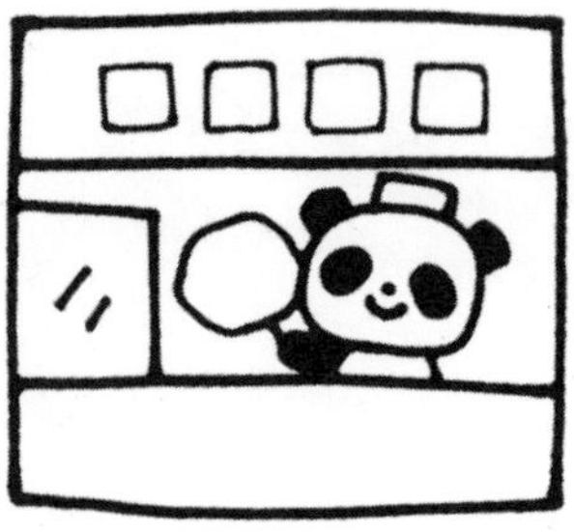
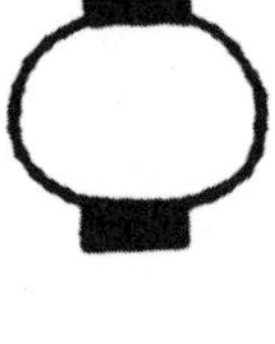
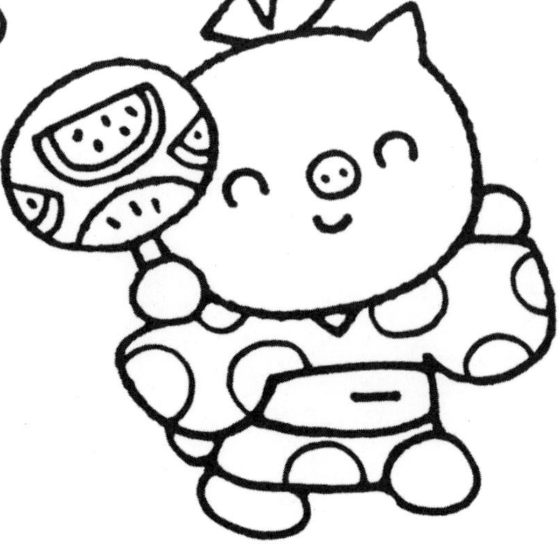

9月の壁面
みんなでお月見楽しいな

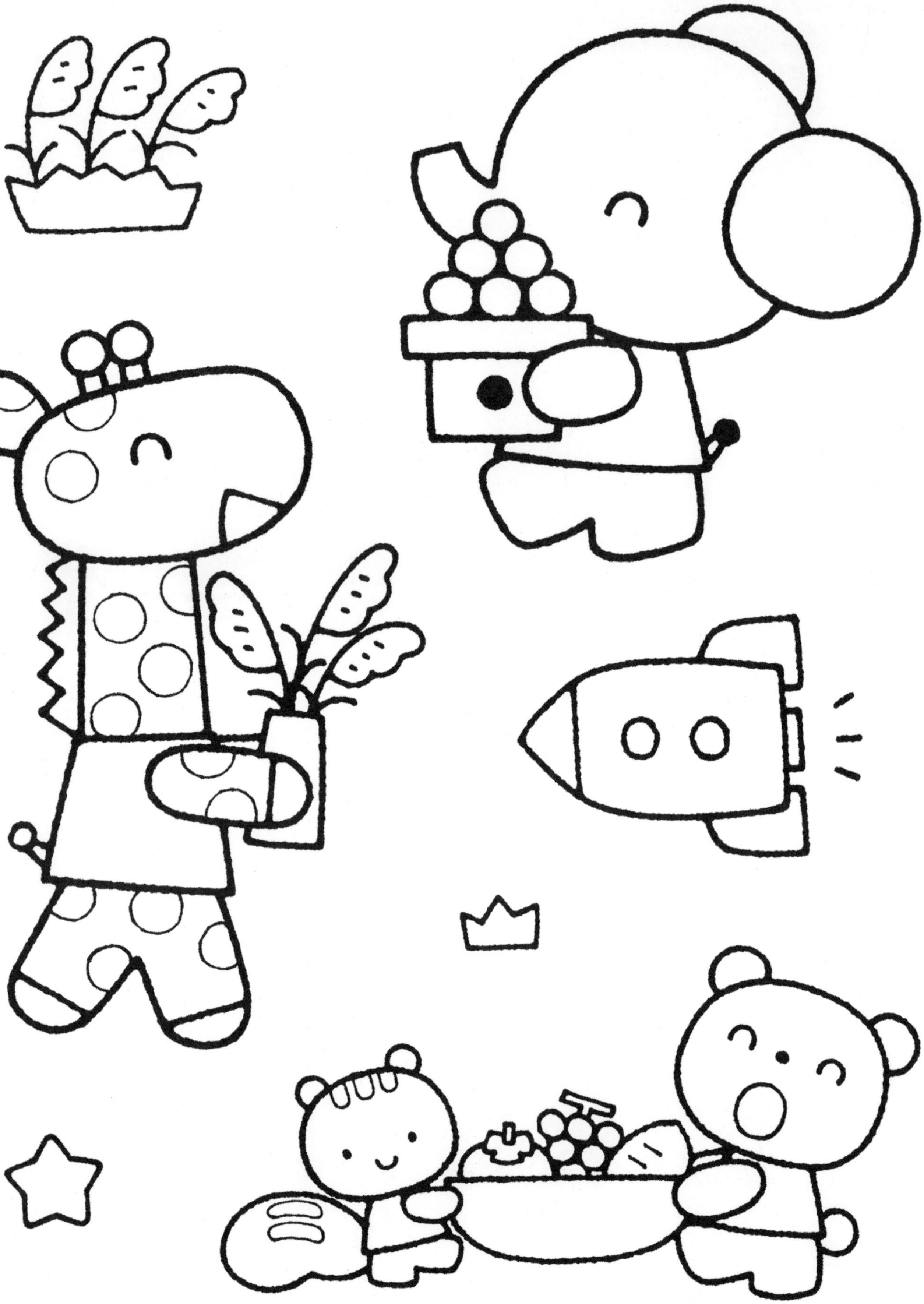

9月の壁面

どのくらい大きくなったかな？

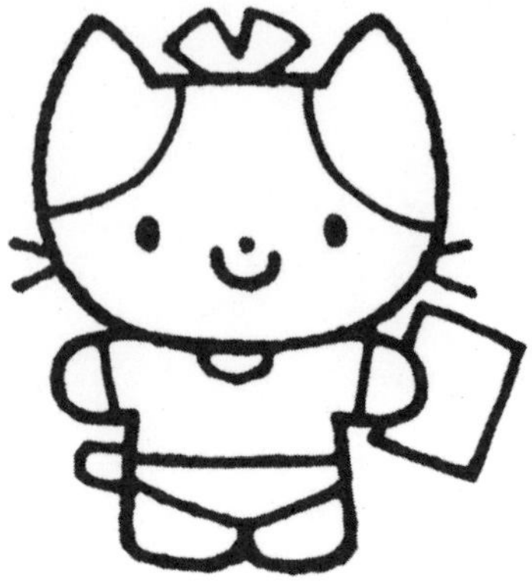
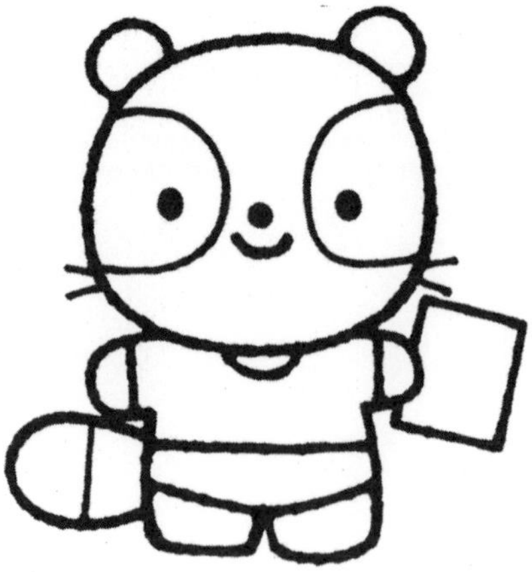
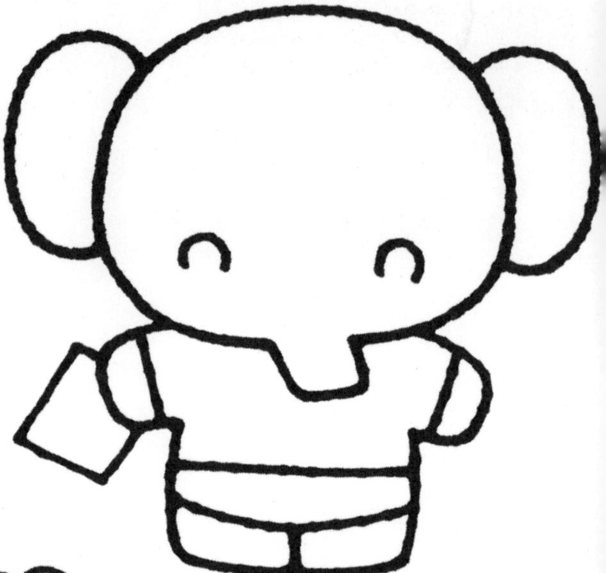
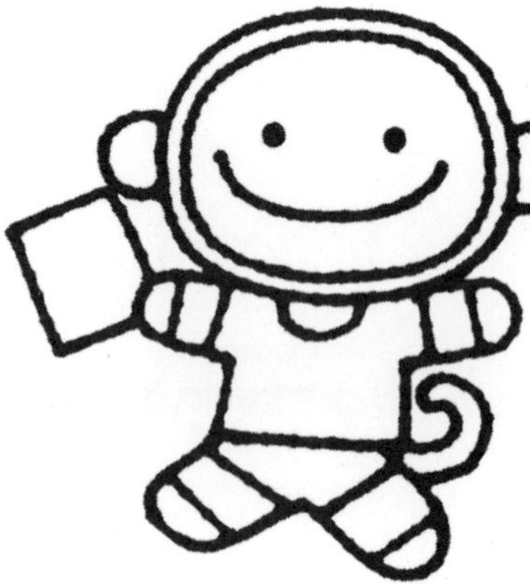
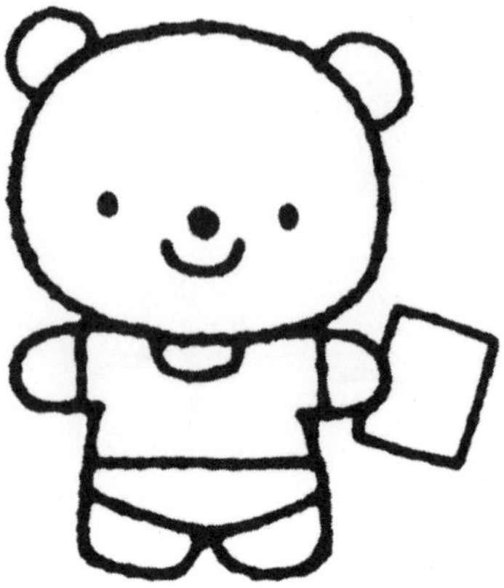
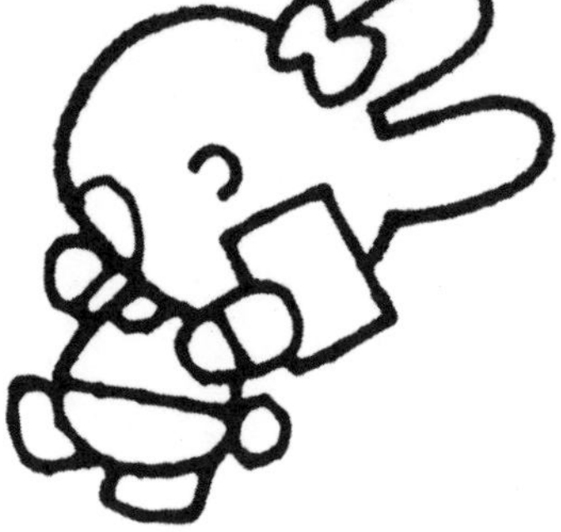
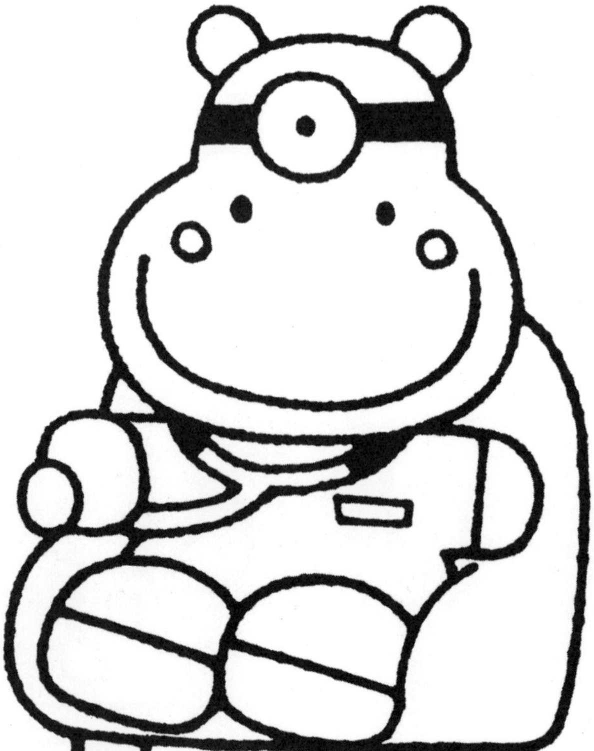
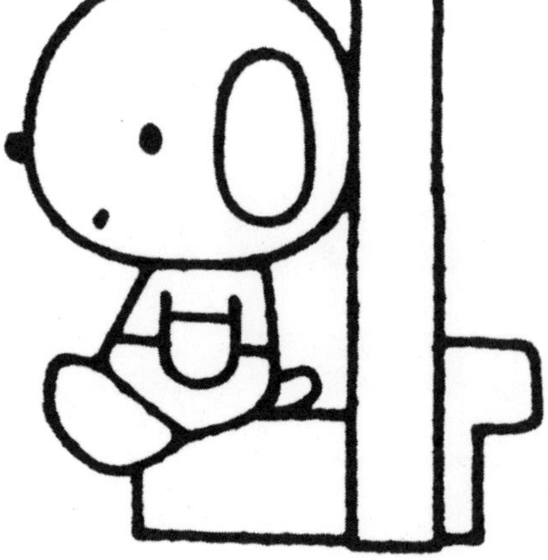

10月の壁面
運動会だよ みんながんばろう！

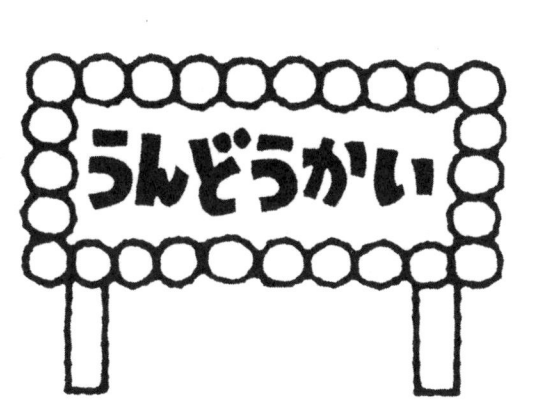

90

10月の壁面
みんなでイモ掘り楽しいな！

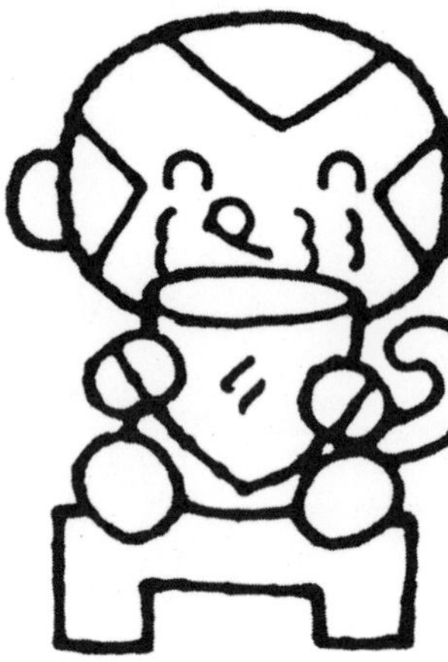

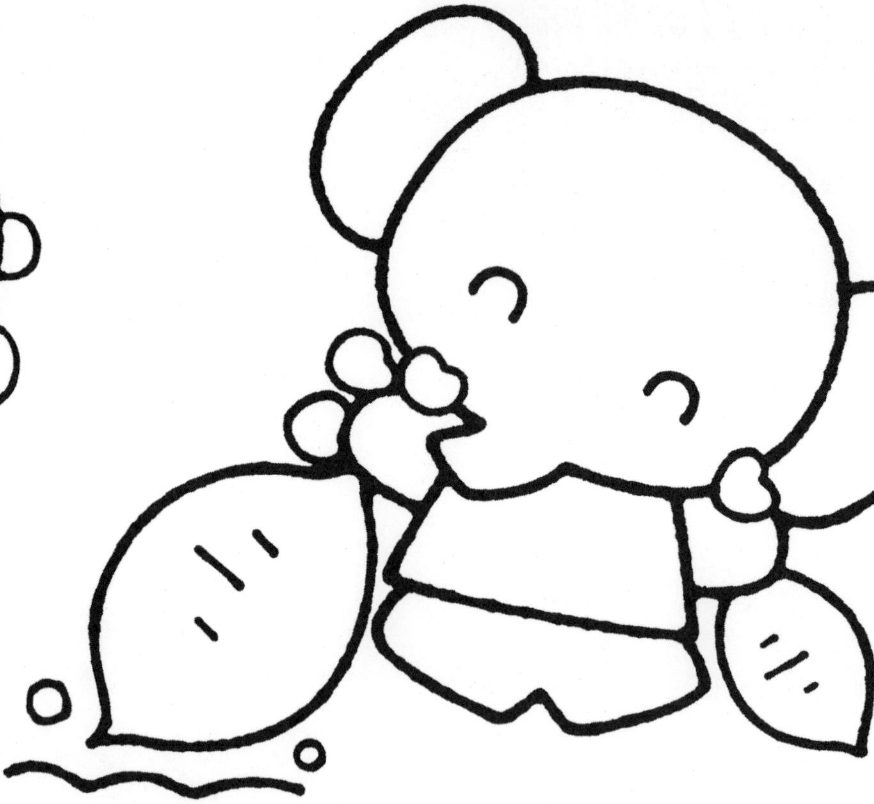

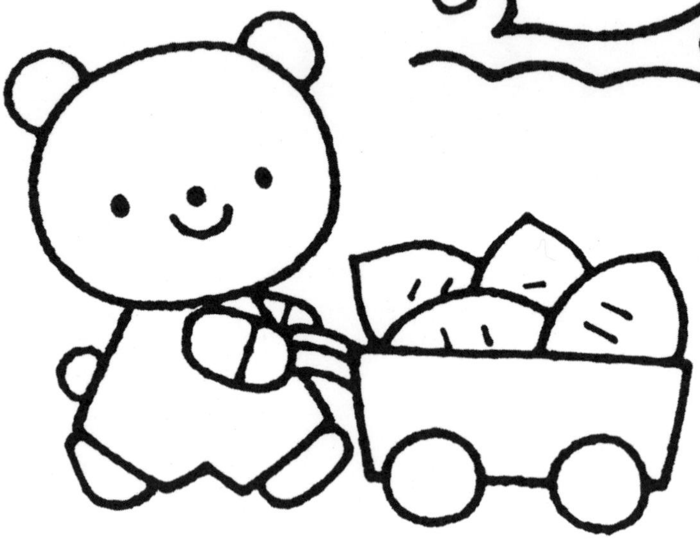

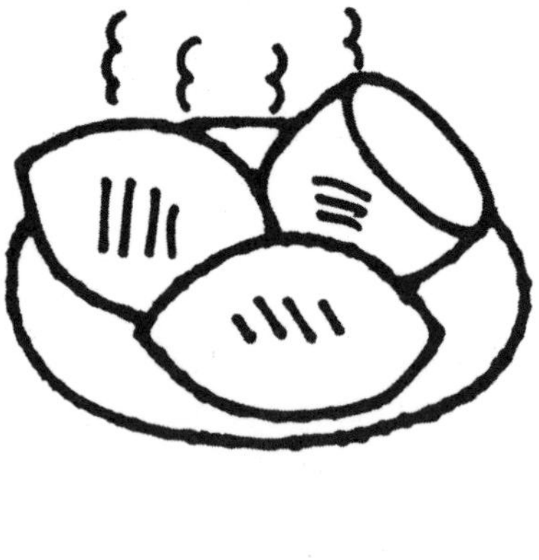

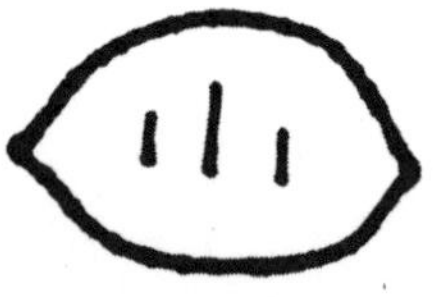

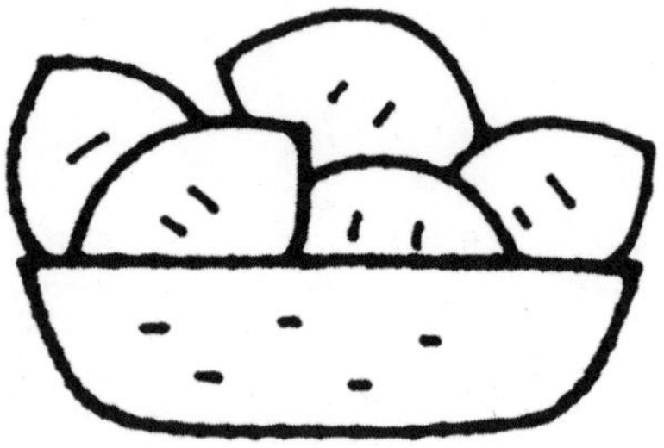

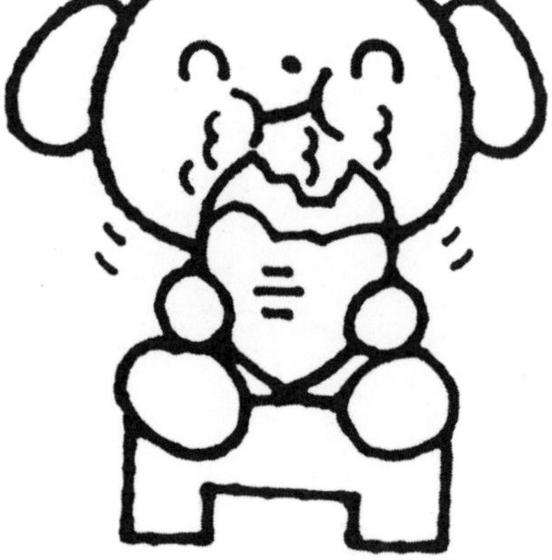

11月の壁面
楽しいよ、秋の音楽会

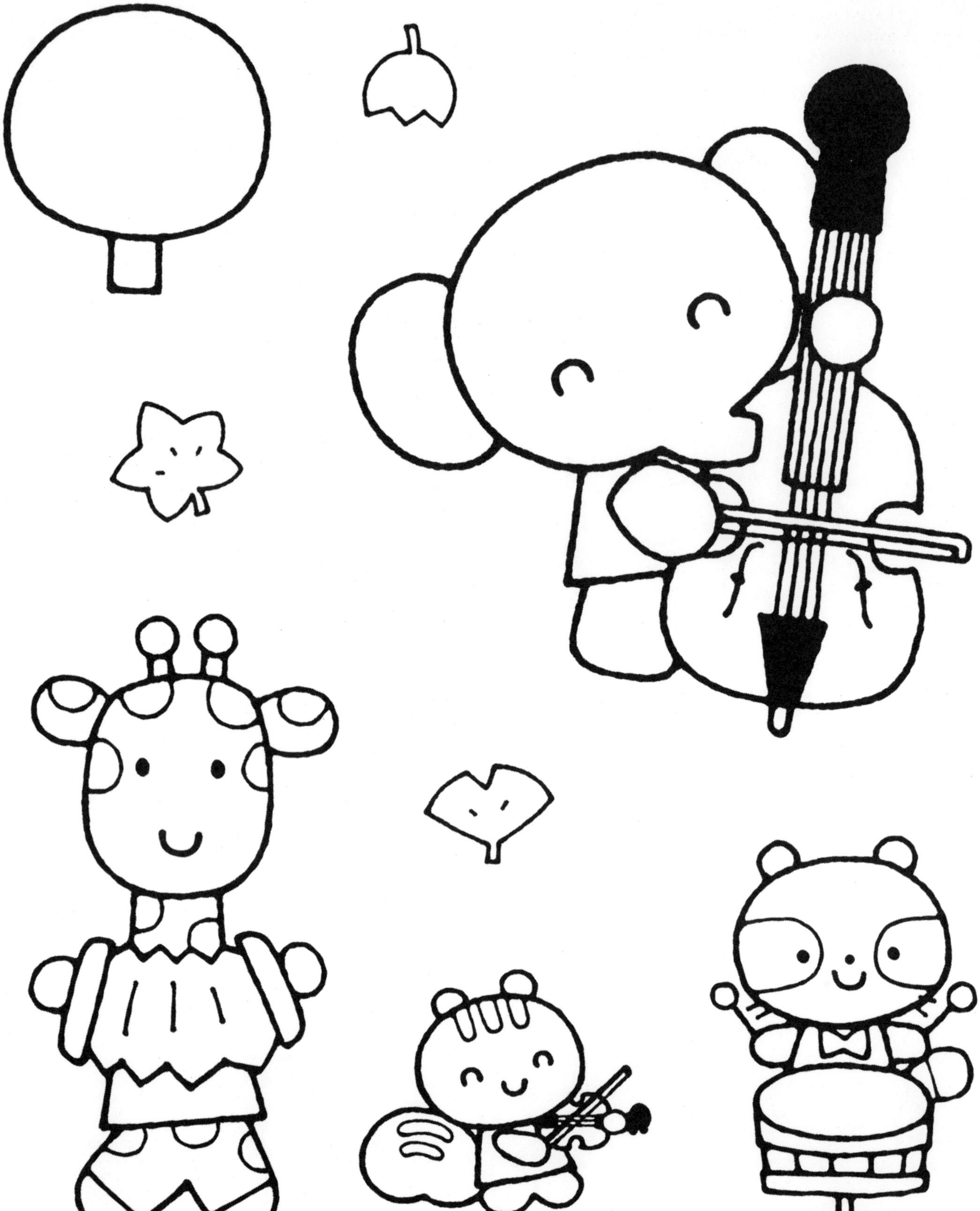

11月の壁面
ミノムシさん こんにちは！

＊ミノムシの糸は自由に書きましょう。

95

96

12月の壁面
わくわくするね クリスマス会

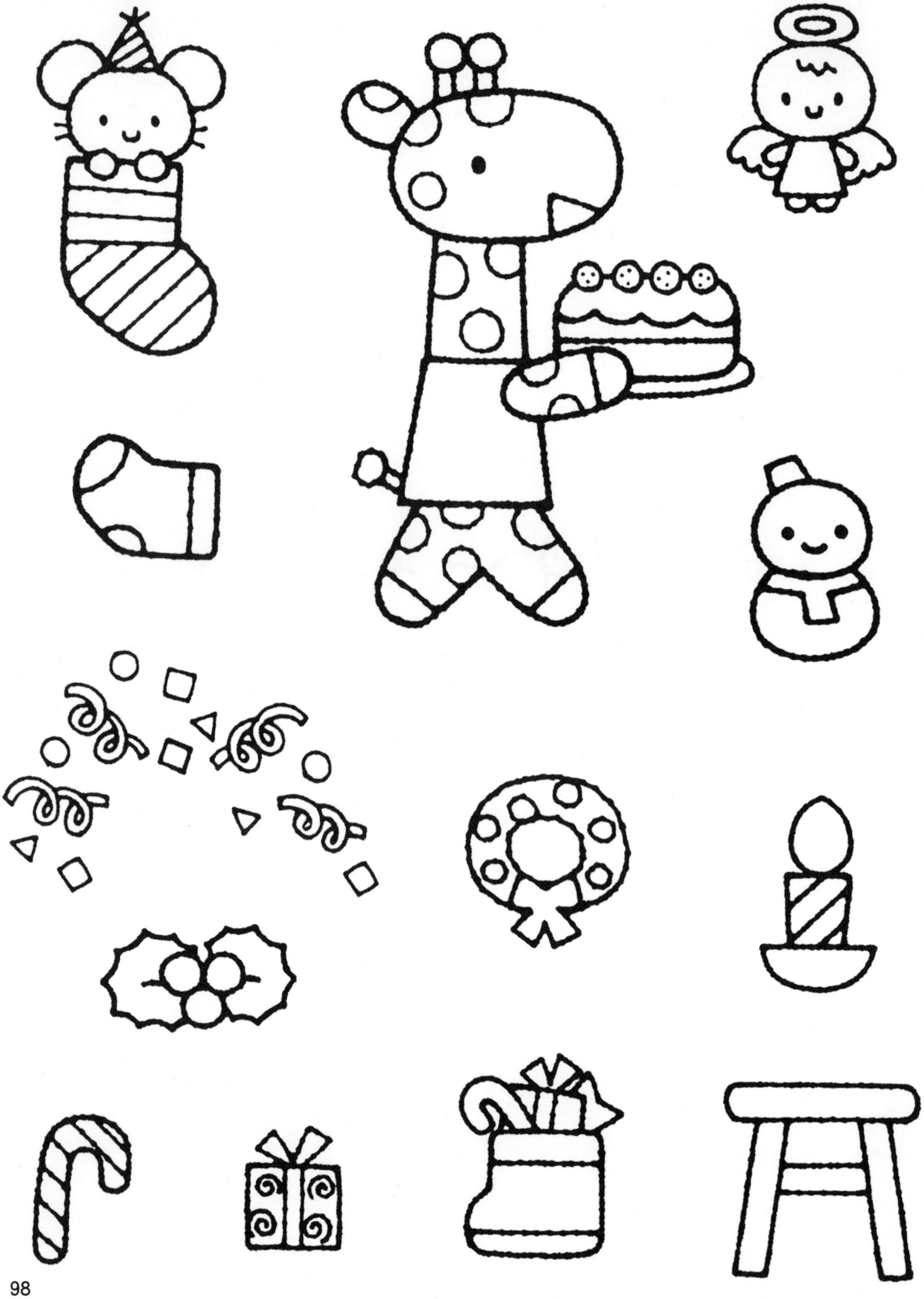

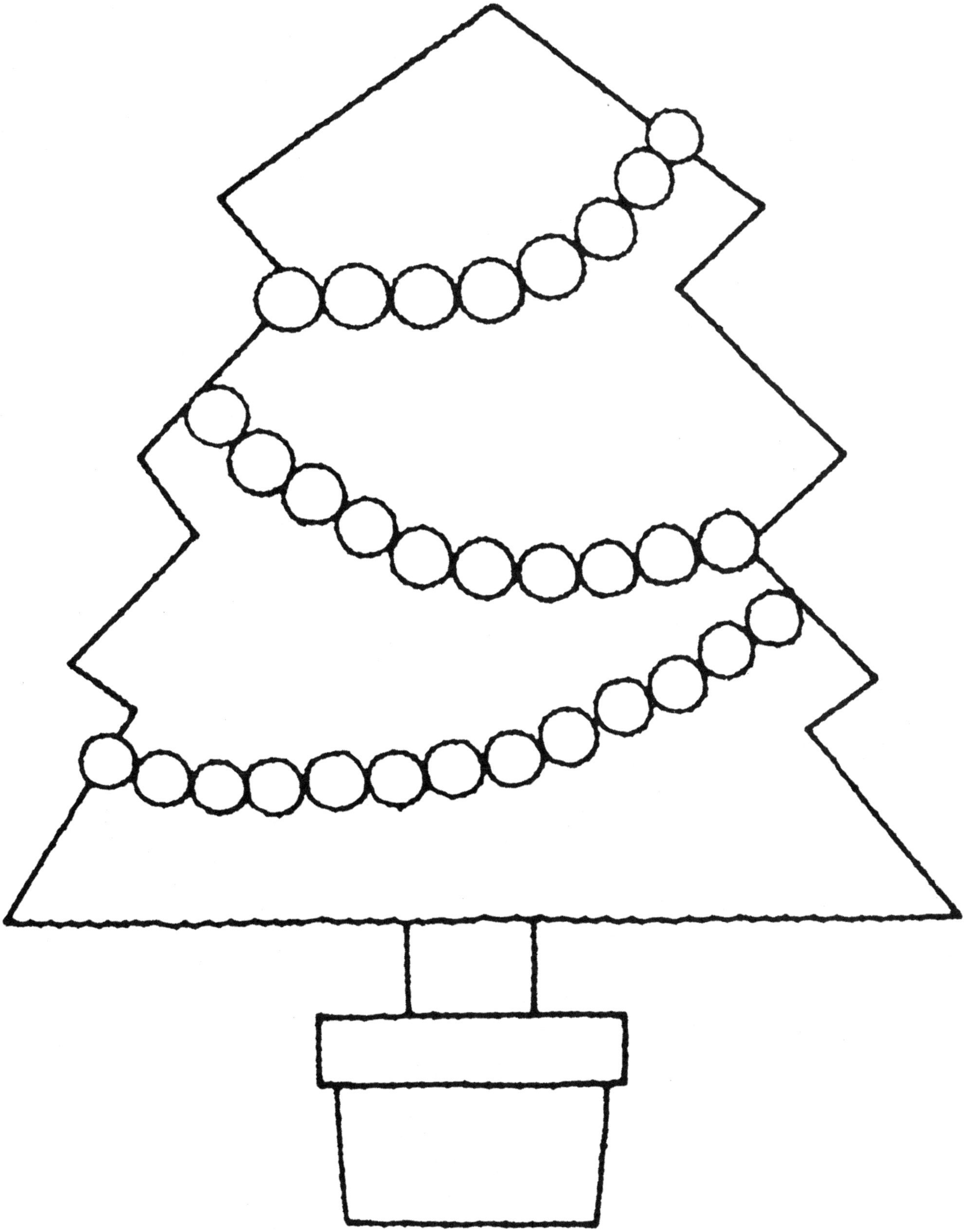

12月の壁面
ペッタンペッタン おもちつき

101

1月の壁面
たこ、たこ あーがれ！

＊たこの糸は自由に書きましょう。

103

1月の壁面
お正月気分でかきぞめだ

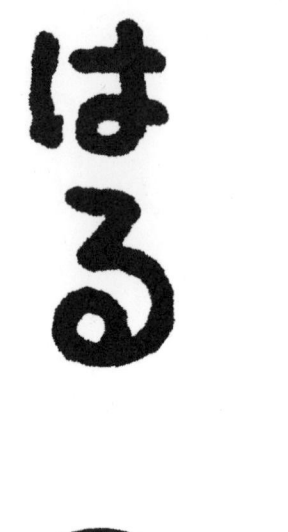

こま

はる

しんねん
あさひ

ゆめ

もち　ゆき

＊タヌキの半紙には、好きな言葉を書きましょう。

105

2月の壁面
おにはーそと、ふくはーうち！

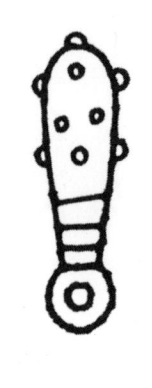

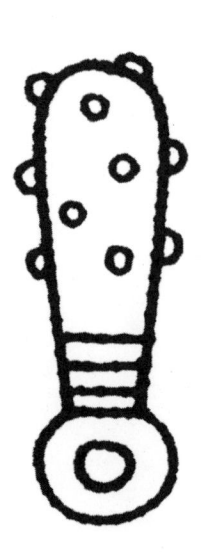

107

2月の壁面
雪だるまなーらんだ！

109

3月の壁面
きょうは楽しいひなまつり

111

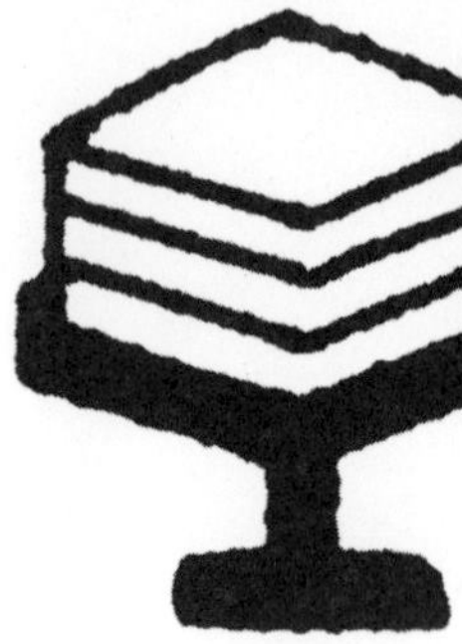

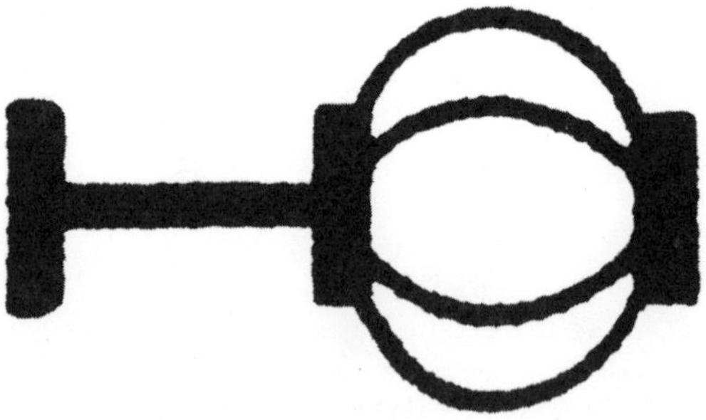
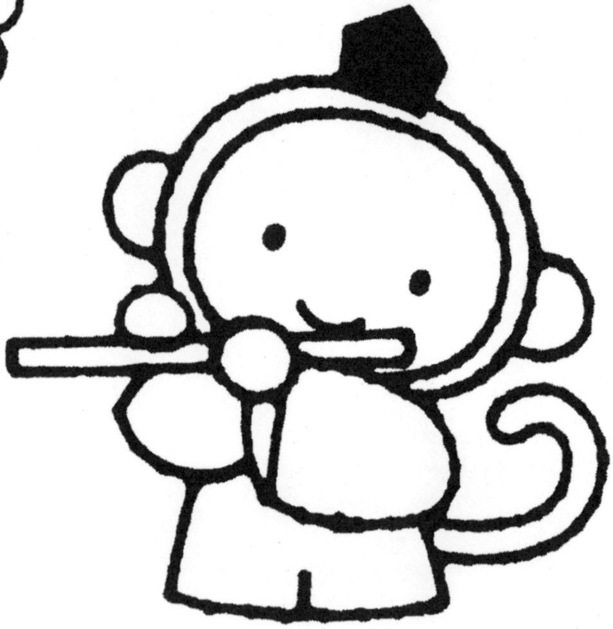
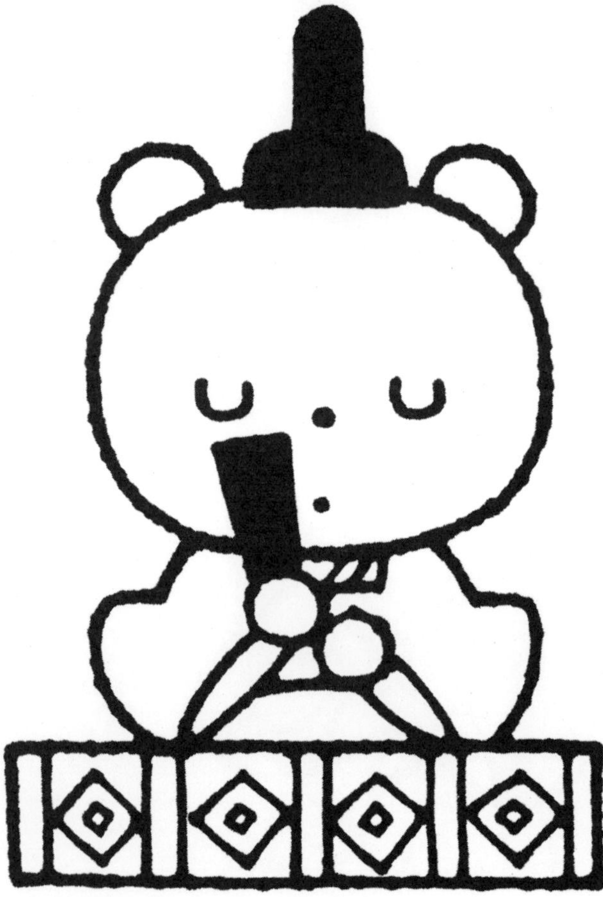
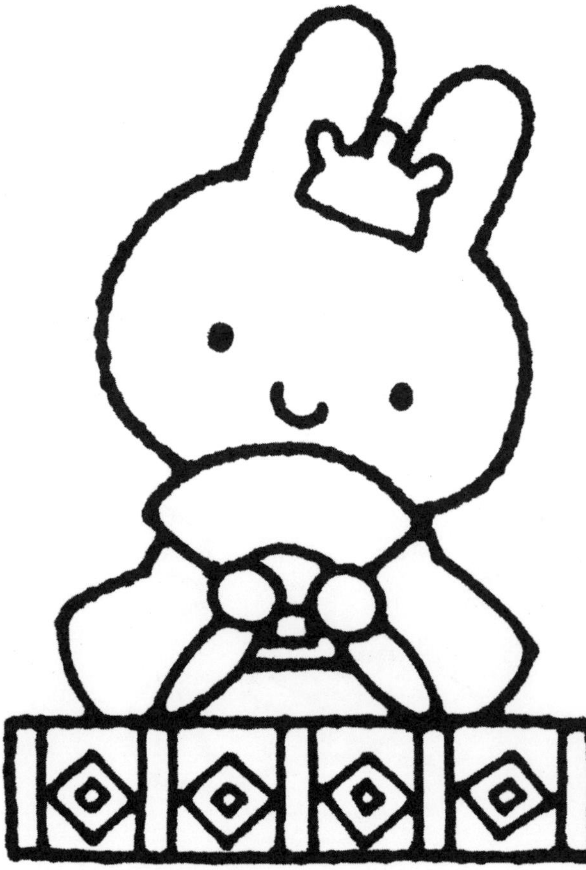

3月の壁面
卒園おめでとう

そつえん
おめでとう

114

お誕生表
気球のなかから おめでとう

1 2 3 4

5

6

116

おたんじょうび うれしいな

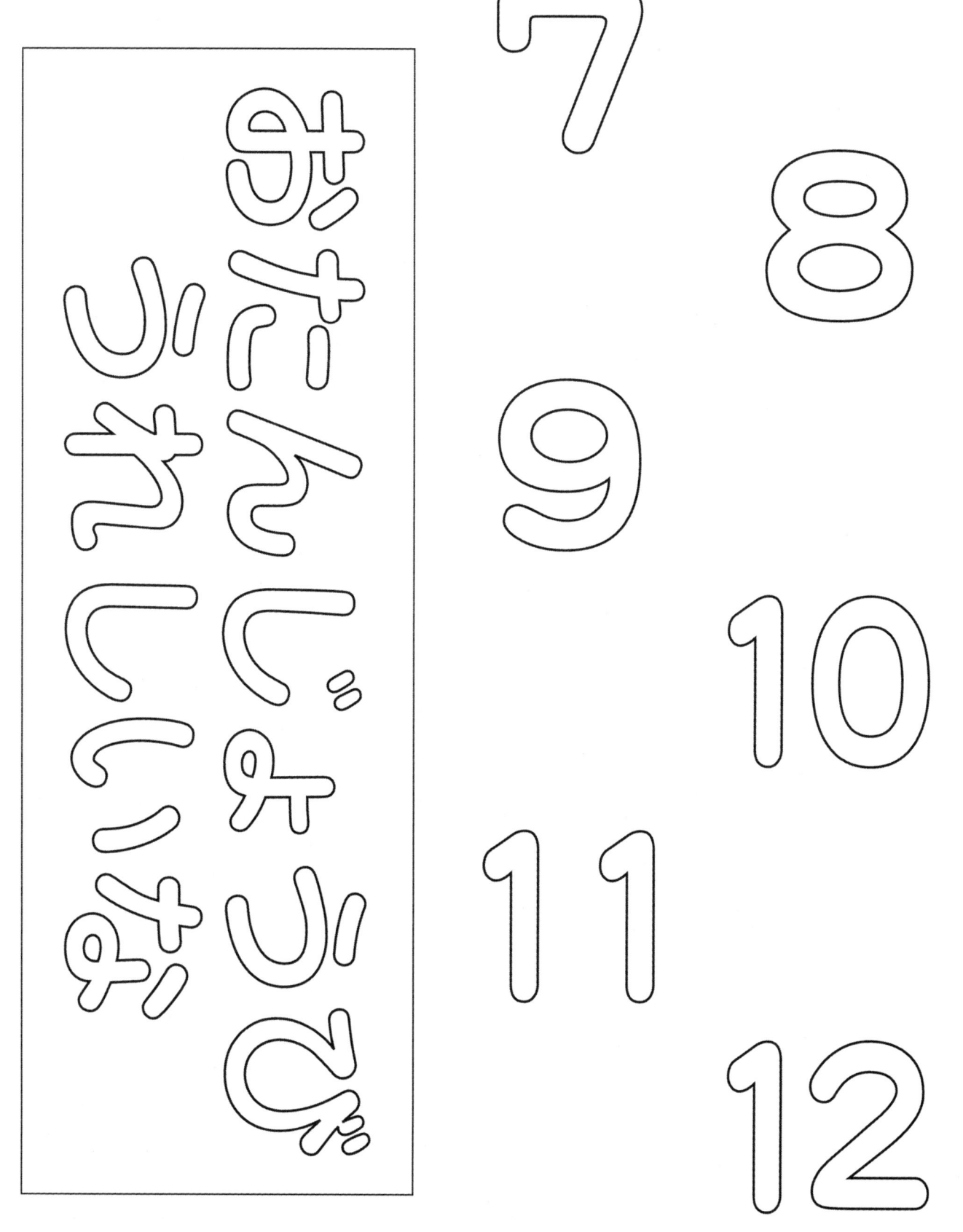

7
8
9
10
11
12

この絵柄は他の型紙の70％サイズになっています。

お誕生表
みんな大好き、楽しい動物園

＊月の数字は手書きしましょう。

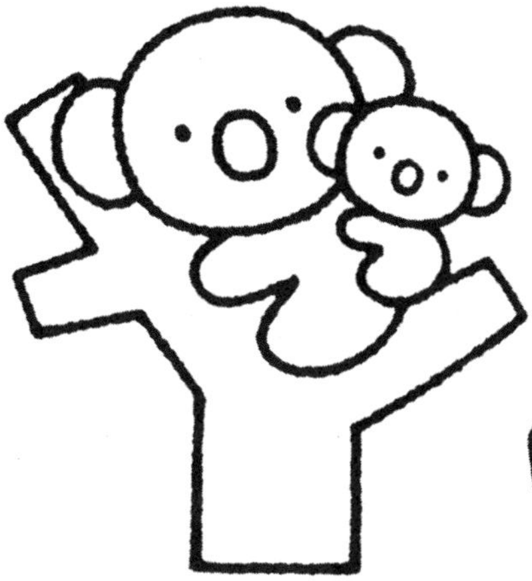
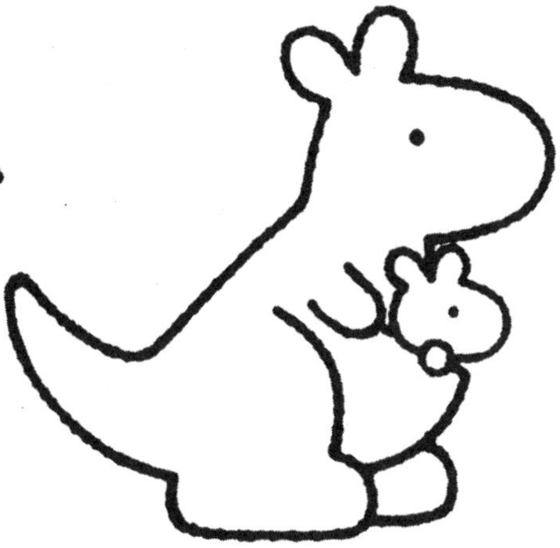
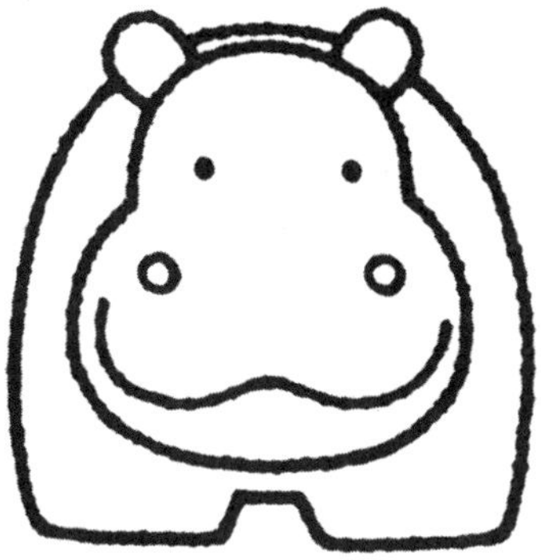
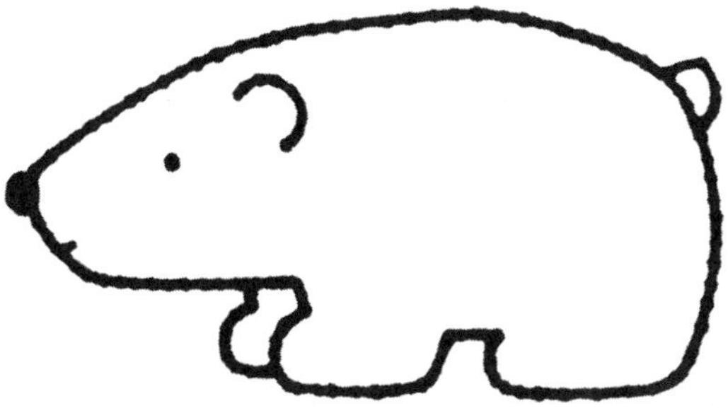
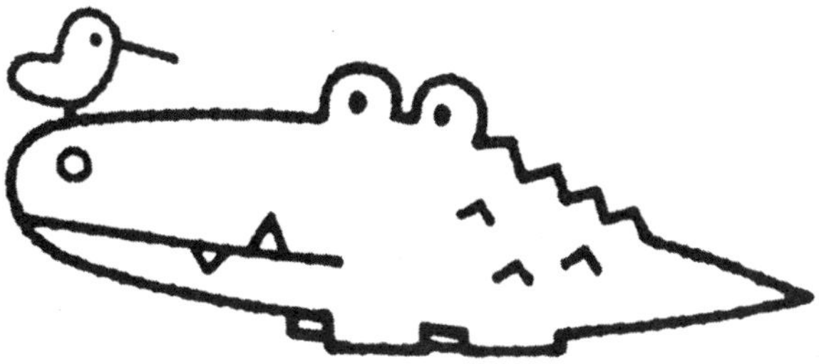
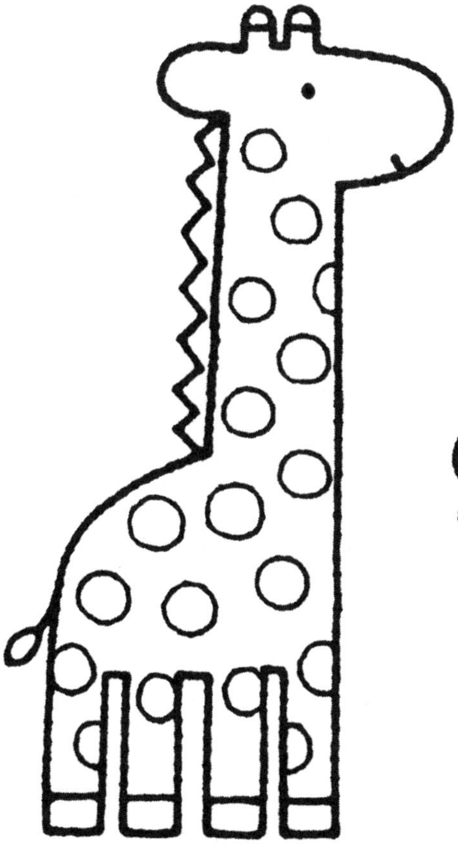
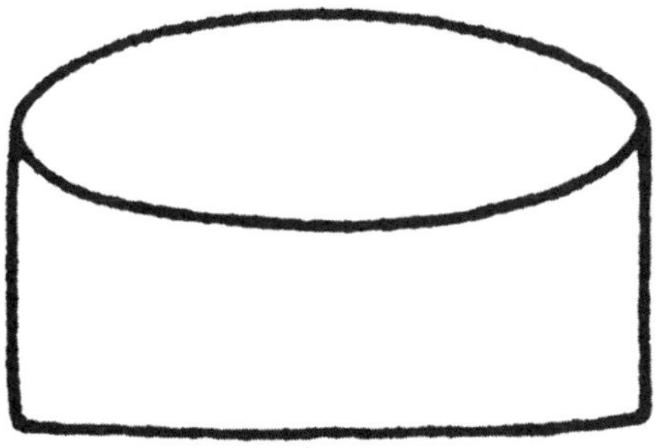

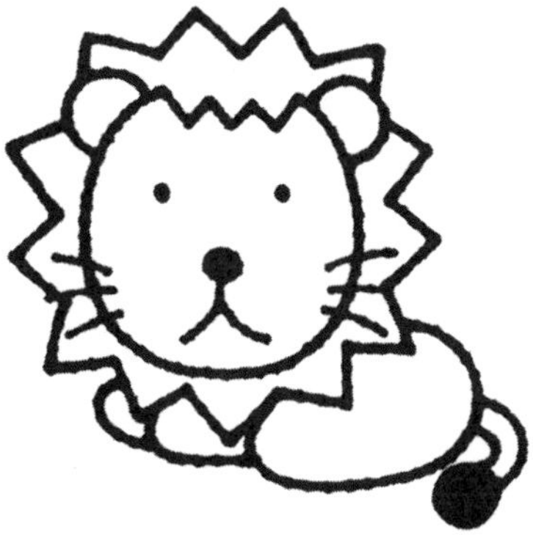

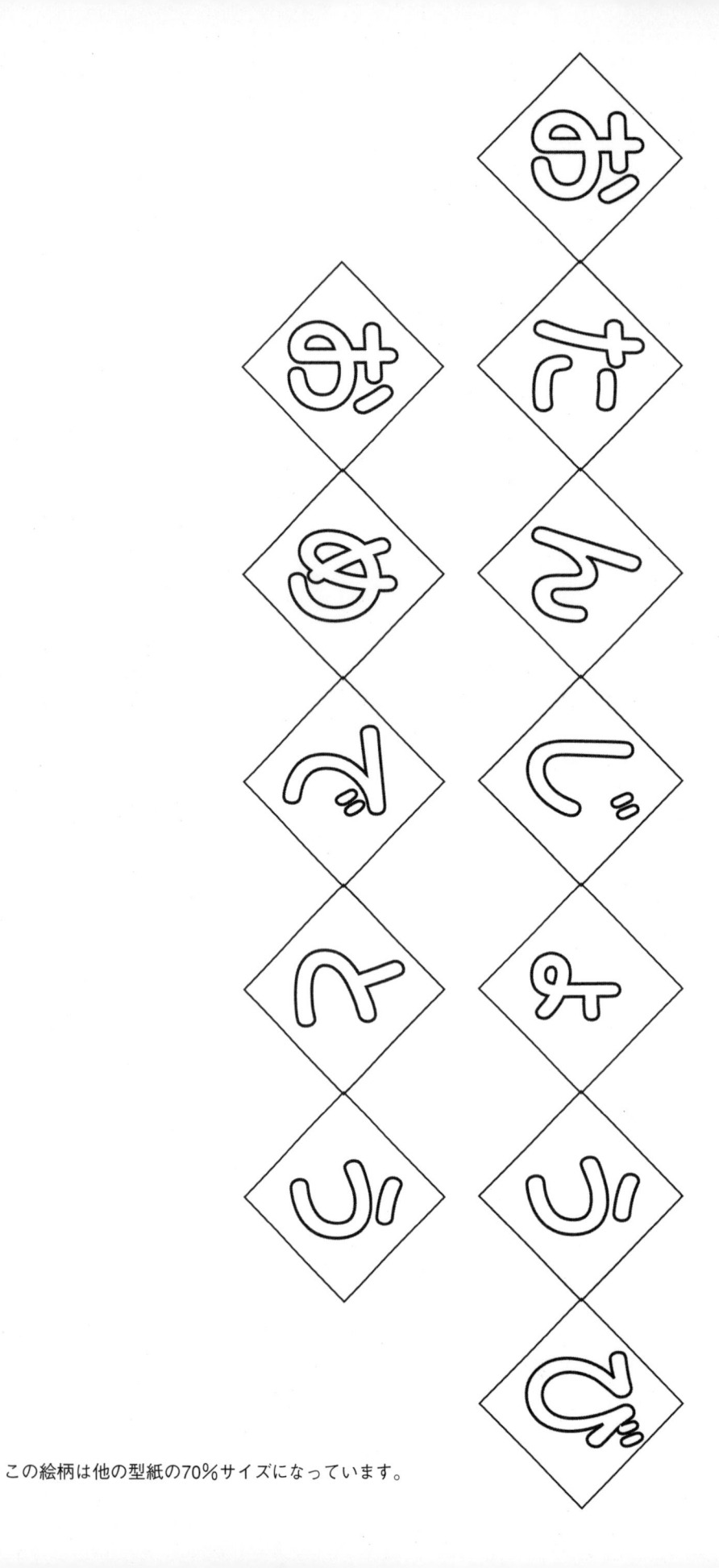

この絵柄は他の型紙の70％サイズになっています。

お誕生表
昔話の世界から ハッピーバースデー

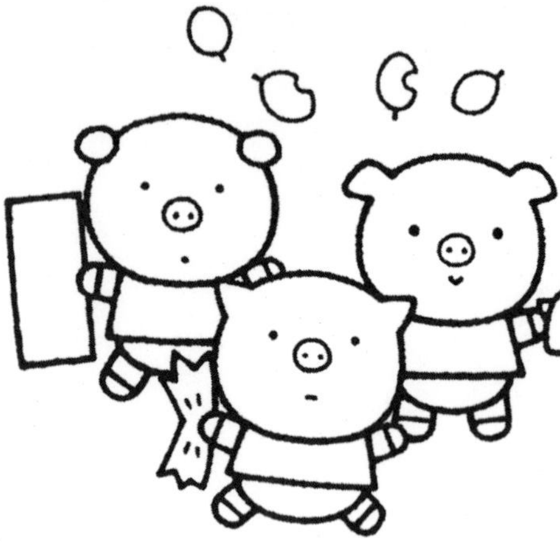

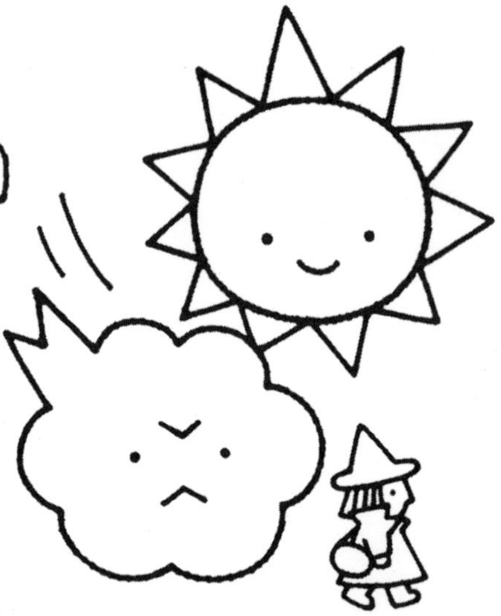

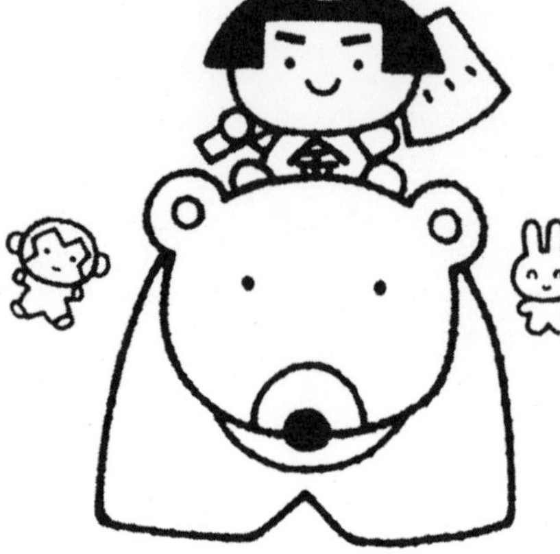

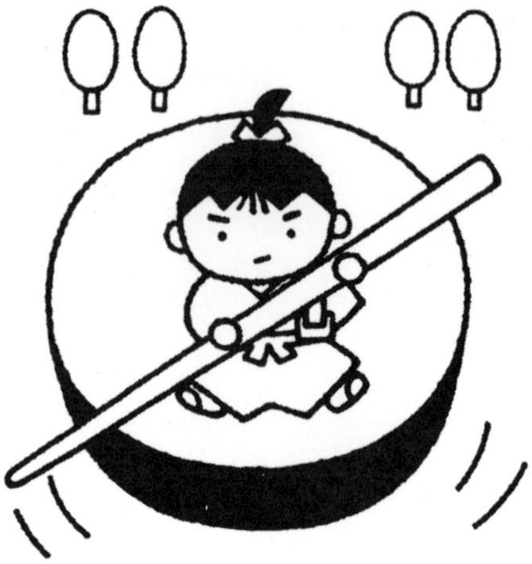

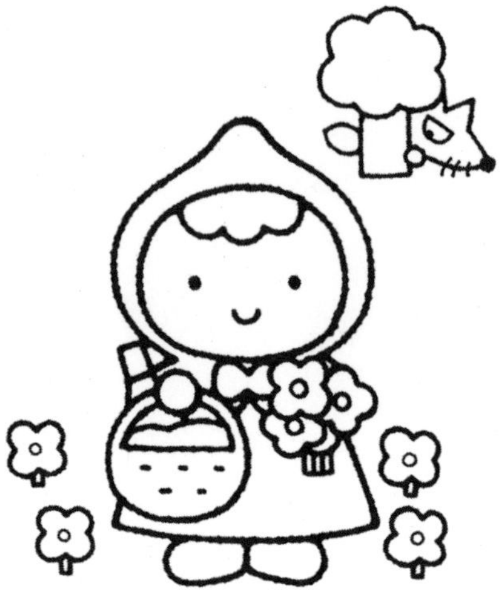

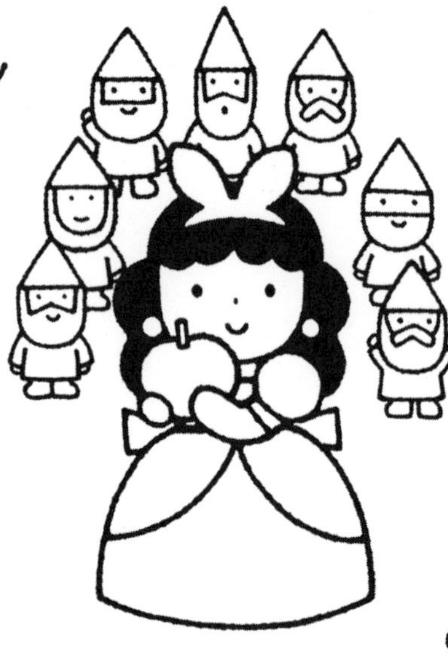

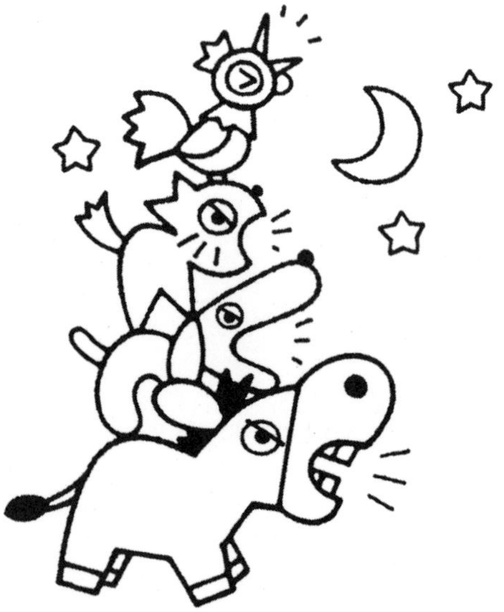

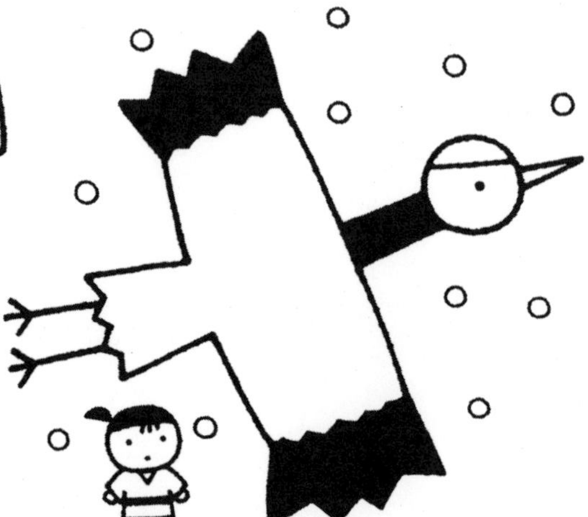

1 2 3 4 5 6 7 8 9 10 11 12

おたんじょうび おめでとう

この絵柄は他の型紙の70％サイズに、また文字は80％サイズになっています。

お誕生表
バースデー列車でシュッポッポ

4 5 6 7 8 9 10
11 12 1 2 3

おたんじょうびおめでとう

お誕生表

みんなで楽しくおめでとう

12　1　2　3

おんよび
たじう
おでう
めと

著者紹介

わらべきみか

1950年熊本県生まれ。大学在学中からイラストを描き始め、卒業後フリーのイラストレーターとなる。1982年、絵本・キャラクターデザインの制作会社「株式会社おもちゃ箱」を設立。絵本作品のほかに、保育用品関連にも多くの作品を提供している。絵本の代表作に、「あかちゃんずかん」シリーズ、「あかちゃんめいさく」シリーズ、近刊に「スキンシップえほん」シリーズとして「漢字えほん」、「わらべきみかの四字熟語かるた」（いずれも、ひさかたチャイルド）などがある。

本書掲載の型紙およびCD-ROMに収録のイラストは、壁面製作とお誕生表作成にご利用ください。また、内部観覧で営利を目的としない学校新聞、園だより、プライベートなカード類には使用することができます。
ただし、他の出版物、企業のPR広告、商品広告、企業やお店のマーク、ホームページ（個人的なものも含む）などに使用する場合や、園児募集ポスター、園バスのデザイン、その他物品に印刷し販売促進に使用、または商品として販売する場合は、無断で使用することはできません。無断で使用した場合、著作権法により罰せられることもあります。もし使用を希望するときは、事前に著作権者・出版権者の許可および使用料の支払いが必要となります。なお、イラストを変形、または手を加えて上記内容に使用する場合も許可および使用料の支払いが必要です。

製作／株式会社 おもちゃ箱
表紙・本文デザイン・本文イラスト・CD-ROM製作／スタジオ・くま
編集担当／石山哲郎　飯島玉江
撮影／中村俊二
製作協力／くまがいゆか

わらべきみかの
ウキウキ壁面＆お誕生表　CD-ROM付き

2007年3月20日　初版第1刷発行

著者／わらべきみか　©OMOCHABAKO, 2007
発行人／嶋崎善明
発行所／株式会社チャイルド本社
〒112-8512　東京都文京区小石川5-24-21
　　電話：03-3813-3781（営業）　03-3813-9445（編集）
　　振替：00100-4-38410
印刷所・製本所／共同印刷株式会社
ISBN／978-4-8054-0089-0 C2073
NDC376 128P 257×210

乱丁・落丁はお取り替えいたします。

チャイルド本社ホームページアドレス　http://www.childbook.co.jp/
チャイルドブックや保育図書の情報が盛りだくさん。どうぞご利用ください。